基础教育海洋特色课程汇

海之妙

初中生物海洋主题课程

（七、八年级）

主编 关 茜

中国海洋大学出版社
·青岛·

基础教育海洋特色课程汇

顾　　问

管华诗　中国工程院院士、中国海洋大学原校长

编　委　会

主　　任　王轶强　青岛市市南区教育和体育局局长

副 主 任　孙方凯　青岛市市南区教育和体育局总督学

　　　　　　卢雪梅　青岛市市南区教育和体育局副局长、区教育保障中心副主任

　　　　　　孙　莉　青岛市市南区教育和体育局副局长

　　　　　　王　卫　青岛市市南区教育研究中心主任

　　　　　　孙晓梅　青岛市市南区教育和体育局副局长

编　　委　刁丽霞　冯　骋　董坤凌　徐学红　关　茜　杨国青　杨希婷

　　　　　　杨　蔚　叶少远　颜秉君　徐慧颖　于凤丽　张会英　张培欣

　　　　　　臧旭东　韩　强　许占斌　松　梅　刘　琨　陈翠玉　王　山

　　　　　　于　泳　师　蓉　宋立群

总　策　划

王轶强

执 行 策 划

王　卫　刁丽霞　董坤凌

本 册 主 编　关　茜

本 册 副 主 编　孔恬恬　徐艳红　葛　珺　文举利

本 册 编 写 人 员　关　茜　徐艳红　秦荣凤　孔恬恬　王　慧　刘兰会　葛　珺

　　　　　　　　文举利

序

我国是海洋大国，主张管辖的海域面积约为300万平方千米，拥有18000多千米的大陆海岸线，以及许多美丽的岛屿和海滨城市。海洋蕴藏着丰富的宝藏，是我们生活家园的一个重要部分。我们应该在孩子们心中从小播下了解海洋、热爱海洋、利用海洋和保护海洋的种子。

青岛是我国海岸线上一颗璀璨的明珠，市南区有着美丽的风景，这里红瓦绿树、碧海蓝天，人民依海而生，因海而兴。市南区的教育工作者们为了让孩子们认识海洋、热爱海洋，编写了"基础教育海洋特色课程汇"丛书。该丛书涵盖了从幼儿园到初中各个学段的课程，充分体现了培养德智体美劳全面发展的社会主义建设者和接班人的教育方针。该丛书由浅入深、内容丰富、图文并茂，符合少年儿童的认知特点，是一套很有特色的地方教材，填补了我国海洋教育与学科课程融合方面的空白。

海洋强国梦是实现中华民族伟大复兴梦的重要组成部分。海洋教育不仅要在海滨城市推广，也要在内陆地区推广。"基础教育海洋特色课程汇"提供了很好的教材。希望市南区的老师们努力实践，并不断完善这套教材。

青岛市市南区是中国教育学会第一批教改实验区，从2003年开始我就与他们有密切的联系。看到市南区教育的发展和他们所取得的成绩，我非常高兴，特写此为序。

2019年3月16日

（顾明远　北京师范大学资深教授，国家教育咨询委员会委员，北京明远教育书院名誉院长，曾任北京师范大学副校长、国务院学位委员会评议组教育学科召集人、中国教育学会会长、世界比较教育学会联合会联合主席等职）

前言

从人类与海洋相遇的那一刻起，一个美丽的故事就开始了。自古以来，人类都在努力地了解海洋、开发海洋，与海洋和谐相处，因为海洋是人类文明的摇篮、资源的宝库，是人类生存与发展的重要基础和希望。

我国是海洋大国。依据《联合国海洋法公约》，我国拥有主张管辖的海域面积约为300万平方千米。我国漫长的海岸线逶迤蜿蜒，绘就了祖国壮丽雄伟的海洋美景。青岛，正是这条海岸线上一颗璀璨的明珠。市南区作为青岛市的主城区之一，依海而生，因海而兴，拥有无与伦比的海洋发展优势。

然而，我国还不是海洋强国。为了积极践行习近平总书记提出的"要进一步关心海洋、认识海洋、经略海洋，推动我国海洋强国建设不断取得新成就"的指示精神，青岛市市南区教育和体育局以寻找海洋创新驱动为出发点，以全国教育科学"十三五"教育部规划课题"区域推进海商教育的实践研究"为抓手，进一步优化海洋远景规划，深度推进区域海洋教育实践研究。为了培养学生"亲海、爱海、知海、用海"的意识，激发他们保护海洋、探索海洋、维护海洋权益的责任感与使命感，青岛市市南区教育和体育局组织学科教研员和一线骨干教师，倾力打造推出本套"基础教育海洋特色课程汇"丛书。

"基础教育海洋特色课程汇"丛书涉及德育、智育、体育和美

育等方面的11个学科，覆盖幼儿园、小学、初中全学段。由具备丰富教学经验的学科教研员和骨干教师组成的主创团队，历时两年将陆续推出《海之魂》《海之韵》《海之蒙》《海之魄》《海之美》《海之奇》《海之妙》《海之德》《海之情》《海之旅》《海之秘》等分册，内容丰富，精彩纷呈。

  本丛书图文并茂、设计精美，配图主要由市南区在校学生和教师亲手绘制。可以说，本丛书承载了市南教育人的海洋梦，凝聚了市南教育精英的智慧。本丛书的出版既是成果，也是起点。培养具有海洋素养的学生是市南海洋教育人不懈努力的方向，而这套丛书则是我们砥砺前行的足迹。

  本丛书的编写得到了青岛市市南区教育和体育局领导及全体师生的鼎力支持和辛勤付出，中国海洋大学、青岛大学等高校海洋教育相关领域的专家也给予了大力支持。来自各方的帮助和支持确保了本丛书的编创和出版工作得以顺利完成，在此谨向有关单位和人员表示衷心的感谢。

  限于学科视野及能力，书中疏漏与不妥之处在所难免。我们热切希望在丛书的使用过程中能够得到广大师生的帮助及相关专家的指导，以使其不断优化，渐趋完善。

编 者
2019年3月

致同学们

ZHITONGXUEMEN

海洋，是生命的摇篮、资源的宝库、文化交流的通路、经贸往来的航道、国家安全的屏障。傍海而居的人们尽情享受着大海的赐予，并在长期与海洋的和谐相处中总结了大量的涉海经验，传承着独具特色的海洋文化。海洋，是人类实现可持续发展的重要保障。

实施海洋强国战略，海洋教育是基础，海洋科技是脊梁。国家战略决定了教育的使命。为了提高初中生的海洋意识，传播海洋科学知识，跟进海洋科学的发展，发扬海洋文化，青岛市市南区生物学科骨干教师团队，历时2年多编写了这本《海之妙——初中生物海洋主题课程》。

本书共分蓝色家园、生命摇篮、资源宝库、海韵文化四章，每章均附有综合实践活动。书中不仅有海洋相关知识，还创设了相关的实践、探究项目，在培养学生实践能力和创新精神方面进行了有益的尝试。学生通过本书可以更加深入地了解海洋科技和海洋文化，关心海洋生态，关注海洋资源的开发及利用，树立适应时代发展的海洋价值观，探究复杂、重大的海洋问题——生命起源、新能源开发、环境保护、国家海洋权益维护等。

让我们一起走进《海之妙——初中生物海洋主题课程》，去探索奇妙的海洋世界！

衷心感谢全体参编教师，感谢中国海洋大学专家的指导，感谢中国海洋大学出版社为本教材的出版所付出的劳动。希望本书能为海洋教育的发展起到积极的作用！

第一章　蓝色家园　　1

第一节　广袤海洋概览　2

第二节　海洋生态系统　12

第三节　海洋生态污染　17

第四节　海洋生态保护　27

"爱我青岛，洁净沙滩"捡垃圾公益活动　37

第二章　生命摇篮　　41

第一节　生命起源于海洋　42

第二节　奇妙的海洋微生物　49

第三节　五彩斑斓的海洋藻类　55

第四节　摇曳生姿的海洋腔肠动物　61

第五节　外刚内柔的海洋节肢动物　　68

第六节　分身有术的棘皮动物　　74

第七节　形形色色的海洋鱼类　　80

第八节　憨态可掬的海洋哺乳动物　　87

　　我们一起去赶海　　94

第三章　资源宝库　　97

第一节　海洋生物资源开发利用　　98

第二节　海洋猎场和海洋牧场　　104

第三节　海洋美味食品　　110

第四节　海洋药物资源　　118

第五节　海洋仿生学　　128

　　蓝色青岛，拥抱海洋

　　——走进青岛市中小学海洋教育社会实践基地　　136

第四章　海韵文化　　139

第一节　渔文化　　140

第二节　海洋艺术　　146

第三节　海洋休闲旅游　　153

　　"亲近海洋，热爱海洋"海洋文化宣传活动　　163

第一章 蓝色家园

海洋，是人类的蓝色家园。海洋不仅为人们提供了丰富的资源，还调节着气候，维系着生机勃勃的地球生态系统。然而，人们盲目开发、过度捕捞以及无节制的废物排放等，造成海洋环境的日趋恶化，近岸海域水质下降，赤潮、绿潮现象频发，生物资源日渐匮乏……只有保护好海洋，才能保护好我们赖以生存的地球。

第一节　广袤海洋概览

海洋环境指地球上广袤连续的海和洋的总水域，包括海水、溶解和悬浮于海水中的物质、海底沉积物和海洋生物。

海洋是生命的摇篮，为各种海洋生物提供了多样的栖息环境。你了解海洋吗？

海　洋

通过本节学习，你将知道：
- 海洋的地理特征。
- 海水的运动形式。

一、海洋的地理特征

世界上的海洋相互连通，构成统一的世界大洋，总面积约3.61亿平方千米，约占地球总面积的70.8%。除北纬45°~70°和南纬70°~90°的区域外，海洋面积均大于陆地面积。

海洋对生物圈的形成和发展起着巨大的作用。在大气圈中的臭氧层尚未完全形成以前，地球上的生命唯有在海水中才能避免紫外线辐射的伤害。海洋是地球上水循环的起点。海水受热蒸发，水蒸气再被气流带到陆地上空，遇冷凝结成液态水，使陆地上有降水和径流。陆地上有了水，生物才得以生存和发展。海洋对气候起着调节作用，对陆地环境的形成也起着决定性的作用。

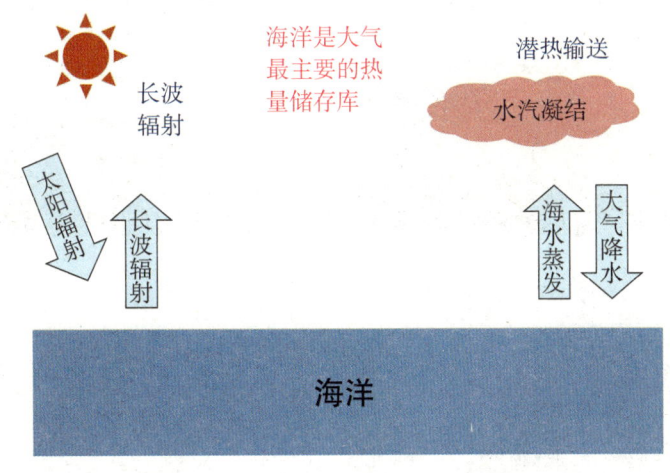

海气交换示意图

1. 洋和海

根据海洋形态和水文特征等，可把海洋分成主要部分和附属部分。主要部分为洋，附属部分为海、海湾和海峡。

洋一般远离大陆，面积广阔，盐度、水温不受大陆影响，季节变化小，透明度大，有独立的潮汐系统和强大的洋流系统，沉积物多为深海特有的钙质软泥、硅质软泥和红黏土。世界上的洋分为太平洋、大西洋、印度洋和北冰洋。

海一般邻靠陆地，盐度、水温受大陆影响，有显著的季节变化，透明度小，没有独立的潮汐系统，潮汐一般从大洋传来，涨落显著。沉积物多为源自陆地的泥沙等。由于不断沉积和受到侵蚀，海底形态变化较大。

海洋的一部分伸入陆地且深度逐渐减小的水域叫海湾，如渤海湾等。海洋中相邻海域之间，宽度较窄的水道叫海峡，如台湾海峡、直布罗陀海峡等。

 飞鱼冲浪

你知道我国的领海有哪些吗？下列各图所展示的是我国哪片海域的风景？

（　　）　　　　　　（　　）

（　　）　　　　　　（　　）

2. 海底地形

按深度和形态，全球海底可分为三大基本地形单元：大陆边缘、大洋盆地和大洋中脊。三大地形单元又可进一步被划分出一些次一级的海底地形单元。

大陆边缘包括大陆架、大陆坡、大陆隆、岛弧与海沟。从海岸起，海底向海洋缓倾，到一定深度后海底坡度突然显著增大，这个坡度较大的斜坡叫大陆坡。从海岸到大陆坡之间的区域叫大陆架。大陆架紧接陆地，水深一般在200米以内，宽度从几海里到几百海里。大陆架上的沉积物主要是河流带来的泥沙。大陆架海域含有大量营养盐和丰富的有机物

质，是良好的渔场。大陆坡区倾斜度一般为4°~7°，但有的地方可达40°以上，水深一般为200~2 500米。大陆坡上的沉积物也主要来自陆地，其中泥约占60%，细砂约占25%，贝壳和软泥约占5%。深度超过6 000米的狭长洼地称为海沟，多分布在大洋边缘。

大洋盆地（或称海盆）是海底的主要部分，地形平坦开阔，倾斜度为0°20′~0°40′。大洋盆地中又有起伏的深海丘陵（海丘）、坦荡的深海平原与星罗棋布的海山。

大洋中脊是新的大洋诞生的地方，也称中央海岭，边坡较缓的大洋中脊则称为洋隆。

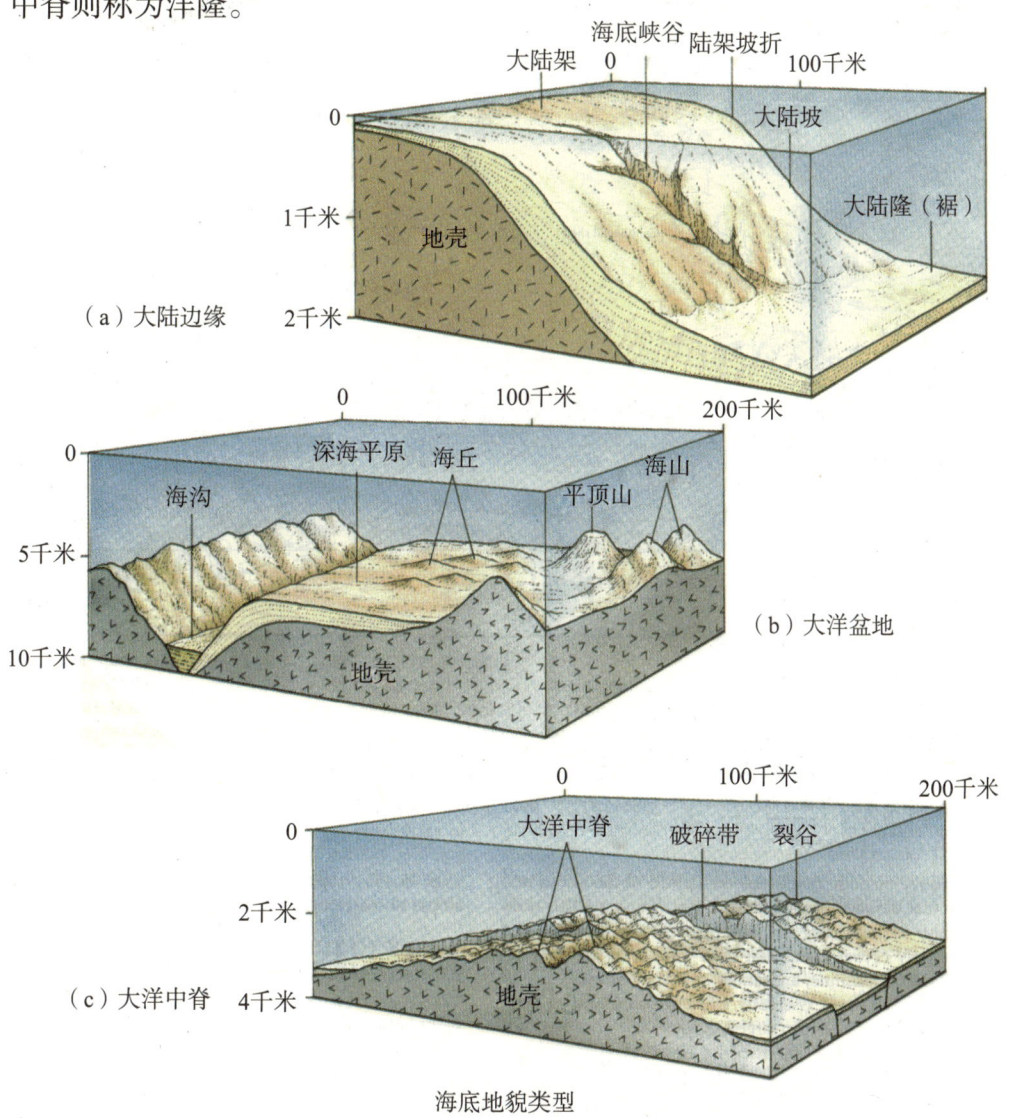

海底地貌类型

 飞鱼冲浪

观察以下海底地形，你能分别找到大陆架、大陆坡和大洋盆地吗？

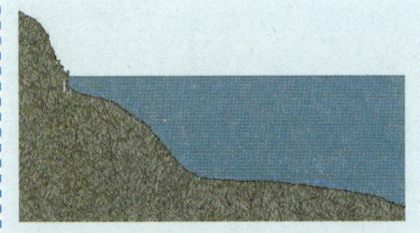  

3. 海水温度

海水的温度高低取决于太阳辐射、大气与海水之间的热量交换和蒸发等因素。大洋表层水温为-2℃～30℃；深层水温低，为-1℃～4℃。大洋年平均表层水温为17.4℃，比近地面年平均气温14.4℃高3℃。大洋表层年平均水温：太平洋最高，为19.1℃；印度洋次之，为17.0℃；大西洋的为16.9℃。北冰洋和南极海域最冷，表层水温为-3℃～-1.7℃。

大洋表层水温的分布主要取决于太阳辐射和大洋环流。等温线大体与纬线平行，低纬度区域水温高，高纬度区域水温低，纬度一般平均每增高1°，水温下降0.3℃。

 白鲸遨游

影响海水温度变化的因素

海水温度在铅直方向上，上部和下部截然不同。在海洋上部水温从表层向下层降低很快，而2 000米以下水温几乎没有变化。

大洋表层水温日变化很小，日较差通常小于0.4℃。沿岸海域，

日较差大于3℃。大洋表层水温的年变化，以北半球论，最高在8~9月，最低在2~3月。最高、最低水温的出现时间均比陆地上最高、最低气温出现的时间滞后。大洋水温的年变化幅度因纬度而异，在温带海域年较差大，可达10℃；在寒带海域年较差又缩小，一般为2℃~3℃。整个海洋表层水温以波斯湾最高，达35.6℃；北冰洋最低，为-3℃；两者相差38.6℃，远小于近地面空气的极值温差133℃。

查一查：不同海水温度下的生物种类和分布有什么不同？

二、海水运动

在各种力的作用下，海水不停运动着。波动、流动、涡旋运动、湍流运动等都是海水的运动形式，产生了波浪、潮汐、海流等现象。

1. 波浪

波浪的成因很多，但主要是风力作用。由风力作用产生的波浪称为风浪，风浪是一直处在风的直接作用下海面的波动状态。当海面的风力迅速减小、平息或风向改变后，海面上遗留下来的波动不会立即消失。它们在原来海域继续传播，甚至传至其他海域，经过漫长路程和时间而慢慢消衰。这种失去外力作用的风浪传播到无风的海域或风息后的余波称为涌浪。波浪对海上航行、海港和海岸工程等海洋作业有重要的影响。

白鲸遨游

厄尔尼诺和拉尼娜

南美洲的渔民发现，隔几年，某一年的海水温度就会比往年高一些，他们的渔业资源——随寒流而来的鱼群就会遭受灭顶之灾。这一现象最严重的时候便是在圣诞节前后，无可奈何的渔民便把它叫作厄尔尼诺（El Niño）——圣婴。"圣婴"让海水异常"发烧"后，往往在第二年，赤道附近东太平洋的水温又会比其他年份大幅度降低，这种现象与厄尔尼诺不同，被命名为拉尼娜（La Niña）——圣女。

厄尔尼诺指赤道东太平洋大范围海水反常增温的现象。厄尔尼诺发生期间，东太平洋冷水区消失，太平洋赤道地区东南信风减弱，西太平洋堆积的暖水向东回流。所以，厄尔尼诺给人最深刻的印象是热浪袭人。拉尼娜与之相反，指赤道东太平洋大范围海水反常降温的现象。拉尼娜发生时，赤道太平洋信风持续加强，赤道东太平洋表面暖水被吹走，深层的冷水上翻作为补充，海水表层温度进一步降低。

厄尔尼诺让南太平洋东部及沿岸降水增多，厄瓜多尔、秘鲁、哥伦比亚等地洪涝严重；而太平洋西部变得少雨，南亚、印度尼西亚和非洲东南部大范围干旱。我国1998年发生的长江流域洪涝灾害，就是受厄尔尼诺影响发生的。拉尼娜出现时，印度尼西亚、澳大利亚东部、巴西东北部、印度及非洲南部等地降雨偏多，太平洋东部和中部地区、阿根廷、非洲赤道附近区域、美国东南部等地易出现干旱。2008年我国南方发生的雪灾，就与拉尼娜有着一定的关系。当时东亚地区环流异常，为我国北方冷空气南下创造了有利条件。

厄尔尼诺三维图

想一想：你知道厄尔尼诺发生的周期吗？

2. 潮汐

潮汐是海水在天体（主要是月球和太阳）引潮力的作用下产生的周期性运动。涨潮时潮位不断增高，达到一定的高度以后，潮位短时间内不涨也不退，称为平潮。平潮的中间时刻称为高潮时。平潮的持续时间各地有所不同，可从几分钟到几十分钟。平潮过后，潮位开始下降。当潮位退到最低的时候，与平潮情况类似，也发生潮位不退不涨的现象，叫作停潮。停潮的中间时刻为低潮时。停潮过后潮位又开始上涨，如此周而复始地运动着。从低潮时到高潮时的时间间隔叫作涨潮时，从高潮时到低潮时的时间间隔则称为落潮时。一般来说，在许多地方涨潮时和落潮时并不一样长。海面上涨到最高位置时的高度叫作高潮高，下降到最低位置时的高度叫作低潮高，相邻的高潮高与低潮高之差叫作潮差。大洋中潮差不大，近陆海域潮差较大。受地形的影响，潮差在各处不相同。我国杭州湾的澉浦潮差很大，曾经达到8.9米。

沿海地区在高潮时被海水淹没，低潮时露出水面的地带叫潮间带。这里兼有水、陆两种环境特点，在这里生活的生物常具有适应水、陆两种环境的能力。潮汐还可沿入海河口上溯，而在河流下游或河口区形成感潮河段。在这样的河段有特殊的水文现象和污染物的稀释扩散规律。

高潮时　　　　低潮时

芬迪湾某处渔港

3. 海流

海流又称洋流，是海水因热辐射、蒸发、降水、冷缩等形成密度不同的水团，再加上风力、地转偏向力、引潮力等作用而形成的大规模相对稳定的流动。它是海水一种重要的运动形式。它同海底泥沙运动、鱼类洄游、天气变化和气候形成等都有密切关系。海流按照成因分为密度流、风海流和补偿流。密度流是因海水温度、盐度和压力的分布不均而引起的海水流动；风海流是由风与水面摩擦而产生的海水水平流动。从水温来看，海流如果水温比其流经海域的水温高，称为暖流；比其流经海域的水温低，称为寒流。一般来说，从低纬度流向高纬度的海流属暖流，从高纬度流向低纬度的海流属寒流。暖流可以从低纬度地区向高纬度地区输送热量，对气候影响很大。例如，西北欧沿海地区虽处于高纬度地区，然而气候温暖，就是因为受到强大的北大西洋暖流的影响。所以，海流是一种能量输送方式。

苏轼有诗句描述了钱塘江大潮的壮观景象："八月十八潮，壮观天下无。鲲鹏水击三千里，组练长驱十万夫。红旗青盖互明灭，黑沙白浪相吞屠。"你知道钱塘江大潮形成的原因吗？

钱塘江大潮

（1）海底地形有大陆架、大陆坡、大陆隆、岛弧、海沟、大洋盆地和大洋中脊等。大洋表层水温的分布主要决定于太阳辐射和大洋环流。

（2）在各种力的作用下，海水不停运动着，产生了海浪、潮汐、海流等现象。

我国大陆边缘四海

我国位于亚洲东部,太平洋西岸。领海由渤海(内海)和黄海、东海、南海三大边海组成,东部和南部大陆海岸线约1.8万千米。内海和边海的水域面积约470万平方千米。我国共有海岛11 000余个。我国海域大陆架宽广。其中,渤海、黄海全部位于大陆架上。

渤海是我国唯一的半封闭内海。在冬季,渤海的平均温度最低。渤海海峡口宽59海里,有30多个岛屿,其中较大的有南长山岛、砣矶岛、钦岛和皇城岛等,总称庙岛群岛或庙岛列岛。黄海从胶东半岛成山角到朝鲜的长山串之间海面最窄,习惯上以此连线将黄海分为北黄海和南黄海两部分。东海,亦称东中国海,是指我国东部长江口外的大片海域,南接台湾海峡,北临黄海,东临太平洋,濒临我国的沪、浙、闽、台。东海的面积是70余万平方千米,多为水深200米以内的大陆架。南海是我国面积最大的海,也是我国最深的海。

渤海与黄海一般以辽东半岛西南端的老铁山角经庙岛群岛至山东半岛北部的蓬莱角连线为界;黄海与东海以长江口北岸的启东角与济州岛西南角连线为界;东海与南海的分界线为我国广东南澳岛与台湾南端鹅銮鼻连线。

第二节　海洋生态系统

 海燕领航

　　生态系统是指在一定的空间内生物成分和非生物成分通过物质循环和能量的流动互相作用、互相依存、互相调控而构成的一个生态学功能单位。地球上有许多大小不同的生态系统，大至生物圈、海洋、陆地，小至河口、珊瑚礁、红树林、深海等都可形成一个生态系统。你了解海洋生态系统吗？

海　洋

  蓝色彼岸

通过本节学习，你将知道：
○ 海洋生态系统的组成。
○ 深海生态系统的类型。

一、海洋生态系统总览

　　目前，海洋生态系统的分类尚无定论。海洋生态系统按海域划分，一般分为沿岸生态系统、大洋生态系统、上升流生态系统等；按生物群落划分，一般分为红树林生态系统、珊瑚礁生态系统、海藻场和海草床

红树林　　　　　　　珊瑚礁　　　　　　　海草床

生态系统等。海洋生态系统是由海洋生物群落和海洋环境组成的。

海洋生态系统的生物成分按照营养关系可以分为生产者、消费者和分解者。生产者，主要是具有光合色素、能进行光合作用的生物。消费者，包括各类海洋动物；以营养层次划分，可分为一级、二级、三级消费者等。分解者则包括海洋中的异养的细菌和真菌。

海洋生态系统的非生物成分，即海洋环境，主要包括有机碎屑物质、参加物质循环的无机物质（如二氧化碳、水等）以及水文物理状况（如温度、海流等）。

你知道海洋生态系统中有哪些生物成分和非生物成分吗？

 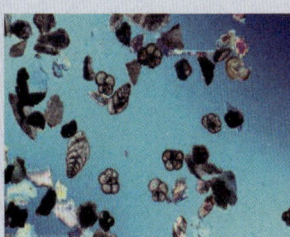 

白鲸遨游

海洋细菌

海洋细菌在海洋中分布广、数量多,是海洋微生物中重要的成员。海洋细菌的数量分布特点如下:近海的细菌密度较远洋高,其中又以内湾和河口区最高。表层海水和水-底泥界面处的细菌密度较深层水高,底泥中的细菌密度一般较海水中高,泥土底质中的细菌密度一般高于沙土底质。在海洋调查中,有时发现某水层中的细菌数量剧增,出现不均匀的微分布现象。这种现象主要是由海水中可供细菌利用的有机物质分布不均匀所引起的。一般在赤潮之后常伴随着细菌数量的剧增。

想一想:造成细菌微分布现象的原因是什么?

二、深海生态系统

海洋的平均水深约为3 800米。深海环境极端严酷,缺乏阳光,温度低,静水压力大。由于不能进行光合作用,深海生态系统中没有能进行光合作用的植物,没有植食性动物,只有碎屑食性和肉食性动物、异养微生物、能进行化能合成作用的自养微生物和少量滤食性动物。目前人类已发现的深海生态系统包括冷泉生态系统、深渊生态系统、深海海山生态系统、热液生态系统等。

1. 冷泉生态系统

海底冷泉释放出的甲烷等气体进入上覆水层。冷泉的发育和分布一般与天然气水合物的分解或与海床下天然气及石油沿地质薄弱带上升密切相关。冷泉周围存在着特殊的生物群落,生物群落中的初级生产者通过化能合成作用制造有机物质。

2. 深渊生态系统

深渊生态系统的特点是生物量很低，但物种的丰富度却很高。从深海中采集的样品90%的物种为新种。因此，深海被认为是海洋生物多样性的巨大宝库和生物演化研究的重要场所。

3. 深海海山生态系统

海山是一种分布广泛的海底地形，大多数因火山活动而形成。据估计全球范围内高度超过1 000米的海山数量可能达到10万座。海山通常被认为是高生产力的生态系统，并可作为鱼类、哺乳动物的索饵场。

你了解这些深海生物吗？请将图片与对应的生物名称连起来。

吸血鬼鱿鱼

巨型管虫

宽咽鱼

短柄黑角鮟鱇

（1）海洋生态系统是由海洋生物群落和海洋环境组成的。

（2）目前人类已发现的深海生态系统包括冷泉生态系统、深渊生态系统、深海海山生态系统、热液生态系统等。

海底热液系统

海底热液系统复杂多变，是深海极端环境的重要组成部分和典型代表。相比深海非热液区，热液喷口及周围存在着丰度更高、更多样的生物群落。此外，热液喷口周围的环境与地球早期环境类似，因此被认为是研究生命起源的关键场所。

热液系统通过热液柱向海洋中输送巨大的热量，影响海水的循环和气候的变化。

热液活动周期长短不一。横跨大西洋地质综合调查区的热液活动延续了2万年，而生命短的热液流体只有几十年或十几年，消亡的热液区也存在重新活化的情况。这些变化都会给生物群落带来极大的影响。对东太平洋海隆9°N不活动热液区的调查表明，相对于活动热液区，不活动热液区的细菌种群类型发生了明显变化。此外，热液的喷发不是连续的，是脉动式、短周期的，因此在喷发过程中会发出脉动的声音，这可能是周围生物体活动或在不同热液区迁移的导航器。

海底"烟囱"

第三节　海洋生态污染

 海燕领航

海洋生态污染通常是指有害物质进入海洋环境而造成的污染。海洋生态污染主要包括石油污染、海水富营养化、重金属污染、塑料污染和核污染等方面。

海洋生态污染具有污染源多、持续性强、扩散范围广、难以控制、治理难的特点。

我们该如何防治海洋生态污染呢？

满身油污的海鸥

 蓝色彼岸

通过本节学习，你将知道：
◎ 海洋生态污染的主要形式。
◎ 海洋生态污染的治理措施。

一、石油污染

目前，石油污染是一种世界性的严重的海洋污染。据估计，通过

17

各种途径每年进入海洋的石油和石油产品约占世界石油总产量的千分之五。沿海地区大型炼油厂的废水排放入海、油轮或海上钻井平台故障等都可能导致石油污染海洋。

墨西哥湾石油泄露

海滨城市海滩被石油污染

白鲸遨游

石油污染的危害及防治

石油污染一旦发生，对海洋造成的影响就是灾难性的。铺展在海面的油膜降低了光的通透性，影响海洋藻类等生物的光合作用，从而使海洋产氧量减少，同时阻碍了海气交换，进而导致海洋生物缺氧甚至窒息而死。溢油一旦黏附在海洋生物的羽毛和鳃上，损害其保暖、游泳、飞翔、呼吸等能力，也会使得海洋生物幼体发生畸变。海面浮油内的一些有毒物质会进入海洋生物体内，沿食物链富集，最终危害人类的健康。

人们积极地采取措施来防范和治理石油污染。例如，人们可以通过对海面溢油和源油样的"油指纹"进行比对鉴定来确认溢油源。我国"油指纹库建设体系及关键技术研究"课题在青岛通过了原国家海洋局的验收及成果鉴定。围栏法和燃烧法是海面上常用的清油方法。

此外，还可通过喷洒强效化学分散剂、沉降剂、凝油剂等使石油分散或沉降。

想一想：石油污染的危害主要有哪些？现有的防治方法有哪些？

围栏法

探究的问题：海水中不同浓度的油污对蛤蜊呼吸频率有什么影响？

材料用具：大小相近、品种相同的活蛤蜊50只，从油烟机的收集盒里取出的废油1杯，盘子5个，胶头滴管2支。

蛤 蜊　　　　　废 油

盘 子　　　　　胶头滴管

实验步骤：

（1）取5个相同的盘子，放入等量的干净海水（以刚没过蛤蜊为宜），分别编为1至5号。

（2）分别把大小、品种相同的蛤蜊各10只放入1至5号盘中。

（3）在5个盘中分别滴入20滴干净海水、15滴干净海水和5滴油、10滴干净海水和10滴油、5滴干净海水加15滴油、20滴油（如下表所示）。

（4）把所有盘子放在无阳光直射的地方，静静地观察蛤蜊的呼吸情况，每5分钟记录1次呼吸频率。

蛤蜊呼吸频率记录表

编号	1	2	3	4	5
盘中加入的水和油的量	20滴水	15滴水加5滴油	10滴水加10滴油	5滴水加15滴油	20滴油
蛤蜊的呼吸频率/（次/分）					

得出结论：油污对蛤蜊呼吸频率_____（填有或无）影响。油污的浓度越大，蛤蜊的呼吸越_____。

思考：你还想具体探究什么？赶紧行动起来吧！相信你一定会有收获。

二、海水富营养化

海水富营养化指的是海水中营养物质（主要是指含有氮、磷等元素的化合物）过量，引起藻类等异常繁殖、水体透明度和溶解氧下降、水质恶化的污染现象。目前，海水富营养化的主要原因是未经过合理处理的工业废水，富含氮、磷化合物的生活污水，滥用化肥和农药后的农田退水等，通过各种途径流入海洋。海水富营养化，可能导致赤潮、绿潮等海洋灾害。

赤 潮

绿 潮

白鲸遨游

赤潮和绿潮

浒苔清理

海上浒苔处置平台

赤潮是指海水中的某些微小的浮游藻类、原生动物或细菌等在一定的环境条件下突发性繁殖和聚集，引起一定范围、一段时间中水体变色的现象。绿潮是大型定生绿藻，如浒苔，脱离固着基后漂浮并不断增殖，导致生物量迅速扩增而形成的藻类灾害。引发绿潮的藻类均属于绿藻门绿藻纲石莼目石莼科。

赤潮和绿潮的发生都会降低海水透光率，增加海水黏度。赤潮和绿潮生物遗体降解消耗大量溶解氧，导致大量海洋生物窒息而死。有些微藻分泌毒素，可导致其他海洋生物中毒死亡。贝类等摄食有毒微藻后，毒素在体内累积。毒素会沿食物链进入人的体内，危害人的健康。另外，大量浒苔漂浮于海面或聚集到岸边，阻塞航道，破坏海滨景观，严重威胁沿海渔业、旅游业发展。

2016年7月9日，连日受风浪和潮汐影响，大量浒苔持续侵袭山东半岛沿海。日照、青岛、威海、烟台等多地的有关部门积极开展浒苔打捞和清理工作，减少危害。青岛市建立空中卫星遥感、海上巡航监测、陆上沿岸巡查、实时视频监控"四位一体"的监视监测体系，通过海上拦截、海上打捞、岸上清洁等方式，最大限度减少浒苔到岸率，确保前海旅游环境保持整洁优美。

议一议：引发赤潮和绿潮的原因是什么？青岛人是怎样抗击浒苔的？

三、重金属污染

海洋重金属污染指重金属经各种途径进入海洋而造成的污染。目前污染海洋的重金属主要有汞、镉、铅、砷等。

海洋中的重金属沿食物链传递和富集，进入食用海产品的人的体内。重金属当其剂量超过一定限度时，对人和其他生物都会产生危害。汞、镉、铅、铬等还有致癌、致畸等作用。

汞　　　镉　　　铅　　　砷

白鲸遨游

水俣病

汞的传播途径

20世纪50年代，在日本熊本县水俣湾附近的水俣镇的渔村中陆续出现了一些患"怪病"的人。这些病人相继表现出口齿不清、表情呆滞、步态不稳、有视力和听力障碍、肢体麻木、意识模糊、惊厥等症状，最后在痛苦中死去。

医学家和生物学家一起出动，终于找到了在水俣镇作祟的"妖魔"——甲基汞。原来，水俣湾附近一家化工厂的含汞废水大量排入海湾，汞被水中微生物转化为甲基汞并沿食物链富集。人吃了含有甲基汞的海产品，便发生甲基汞中毒，罹患"水俣病"。

海域受重金属污染，治理困难，应以预防为主。防止海域受重金属污染的重要措施有以下几项：控制污染源；改进生产工艺，防止重金属流失，回收"三废"中的重金属；切实执行有关环境保护法规，经常对海域进行监测。

想一想：水俣病是由什么原因引起的？如何防治？

四、塑料污染

目前，海洋中发现了几乎所有类型的塑料，包括尼龙（PA）、聚丙烯（PP）、聚乙烯（PE）、聚氯乙烯（PVC）等难降解树脂材料。更为糟糕的是，随着时间的推移，进入海洋中的大块塑料会分解成直径小于5毫米的颗粒，即微塑料。微塑料最终通过食物链，进入我们体内，严重危害人体健康。

受困于塑料垃圾中的海狮

一只海鸟的胃容物

 白鲸遨游

面对塑料污染，我们要行动起来

高密度且广泛分布的微塑料已使无数海鸟、鱼和其他海洋生物"命赴黄泉"，并正在逐渐通过食物链"登上"人类的餐桌。

与陆地上的"白色污染"治理不同，受海洋特殊水域环境限制，人们几乎无法通过传统打捞方式对细小的微塑料进行广泛收集和处理。因此，海洋塑料污染的治理日益紧迫且困难重重。

开发和使用能在海洋环境中自行降解的塑料制品，替代尼龙、聚丙烯等难降解塑料制品，是目前公认的解决这一问题最根本和唯一有效的途径。

令人欣慰的是，已经有越来越多的人开始重视并且努力解决塑料污染问题。多个非政府组织联合推出了消除塑料污染的项目。一些日用品生产商已做出停止使用微塑料的承诺。

想一想，议一议：为了消除塑料污染，作为中学生的你可以做些什么？

以下是几种常见的海洋污染及其防治措施，请对应连线。

核污染　　　　　　　　　回收"三废"中的重金属

石油污染　　　　　　　　开发和利用能自行降解的塑料

塑料污染　　　　　　　　围栏法、燃烧法、喷洒凝油剂等

重金属污染　　　　　　　使用核能源以安全最大化为原则

想一想，议一议：如何预防海水富营养化？你还知道哪些关于海洋污染的实例及其防治措施？

（1）海洋污染主要包括石油污染、海水富营养化、重金属污染、塑料污染、核污染等方面。

（2）针对不同的污染，人们采取了诸多不同的防治措施。

核污染

由核武器试验、核工业和核动力设施释放出来的放射性物质，吸附于海洋生物体表或进入海洋生物体内，逐渐积累，再通过食物链传递给人类，后患无穷。

中国新闻网（2011年10月28日）报道，日本福岛核事故向太平洋泄漏的放射性元素铯总量达到27.1千兆贝克，依国际标准为事故最高等

级（7级），与1986年苏联的切尔诺贝利核电站核泄漏事故等级相同。

这次事故还造成核电站周围7千米内的树木都逐渐死亡。在日后长达半个世纪的时间里，10千米范围内将不能耕作、放牧；10年内100千米范围内被禁止生产牛奶。

世界重大核安全事故

时间	事件	后果
1957年10月10日	英格兰西北部的温德斯凯尔（现改名塞拉菲尔德）核电站的一座反应堆起火，释放出放射性云雾	数十人因遭受核辐射而罹患癌症死亡
1979年3月28日	美国宾夕法尼亚州三里岛核电站制冷系统出现故障，致使核反应堆部分熔化	至少15万居民被迫撤离
1986年4月26日	乌克兰切尔诺贝利核电站4号反应堆发生爆炸	30人当场死亡，8吨多强辐射物泄漏，周围6万多平方千米土地受到直接污染，320多万人受到核辐射侵害，造成人类和平利用核能史上最大一次灾难
1993年4月6日	俄罗斯西伯利亚托姆斯克市附近的托姆斯克化工厂的一个装满放射性溶液的容器发生爆炸，释放出大量的放射性气体	污染面积达1 000公顷，附近的几个村庄被迫整体迁移
1999年9月30日	日本茨城县东海村一家核燃料制造厂发生核物质泄漏事故	2名工人死亡，数十人遭到不同程度辐射，附近居民被疏散避难
2004年8月9日	日本关西电力公司位于东京以西约350千米处的反应堆发生涡轮机房内蒸气泄漏事故	4人死亡，7人受伤
2011年3月12日	日本东京电力公司福岛第一核电站1号机组氢气爆炸，其放射性物质泄漏到外部	15人遭受放射性物质的危害

第四节　海洋生态保护

 海燕领航

海洋生态环境的破坏对海洋生物资源、人类自身的健康造成日益严重的威胁，引起国际社会越来越多的重视。人们已经深深懂得保护海洋的重要性、紧迫性。世界各国积极采取应对措施，保护我们共同的海洋。我国正在大力建立海洋法制新秩序，将海洋保护纳入长效化、法律化的机制。

保护海洋，我们可以做些什么呢？

海洋生态保护，人人有责

 蓝色彼岸

通过本节学习，你将知道：
◎ 我国保护海洋的法律法规。
◎ 除了制定一系列的法律法规外，我国采取的其他海洋保护措施。

一、与海洋生态保护有关的法律法规

1974年1月30日以来，国务院先后颁布了《中华人民共和国防止沿海

水域污染暂行规定》《中华人民共和国海洋石油勘探开发环境保护管理条例》《中华人民共和国海洋倾废管理条例》等近20个海洋生态保护相关的法律法规。

《中华人民共和国海洋环境保护法》于1982年通过；1999年进行了修订，2013、2016、2017年又分别进行了修正。《中华人民共和国海洋环境保护法》在海洋环境的监督管理，海洋环境的调查、监测、监视、评价和科学研究，防治海洋污染工程建设和遏制海洋倾倒废弃物对海洋污染损害等方面做了具体的规定。

2009年12月26日，《中华人民共和国海岛保护法》正式出台。该法规定，国家对海岛实行科学规划、保护优先、合理开发、永续利用的原则。国务院和沿海地方各级人民政府应当将海岛保护和合理开发利用纳入国民经济和社会发展规划，采取有效措施，加强对海岛的保护和管理，防止海岛及其周边海域生态系统遭受破坏。

飞鱼冲浪

以下列举了一些近年来我国颁布的与海洋生态保护有关的法律法规。请补充介绍你了解的其他与海洋生态保护相关的法律法规。

我国部分与海洋生态保护相关的法律法规

颁布时间	法律法规名称	简介
1974年1月30日	《中华人民共和国防止沿海水域污染暂行规定》	我国海洋环境污染防治立法的第一个规范性法律文件。对我国沿海水域的污染防治，进行了较详细的规定
1982年8月23日	《中华人民共和国海洋环境保护法》	我国第一部综合性的保护海洋环境的法律，适合于我国管辖的一切海域
1983年12月29日	《中华人民共和国海洋石油勘探开发环境保护管理条例》	规定企业或作业者在编制油（气）田总体开发方案的同时，必须编制海洋环境影响报告书，并应具备防治油污染事故的应急能力
1985年3月6日	《中华人民共和国海洋倾废管理条例》	严格控制向海洋倾倒废弃物，防止对海洋环境的污染损害

(续表)

颁布时间	法律法规名称	简介
2002年9月4日	《全国海洋功能区划》	第一次对全国海洋资源进行总体的科学规划
2006年8月20日	《防治海洋工程建设项目污染损害海洋环境管理条例》	确立了海洋工程建设前的环境影响评价制度
2009年12月26日	《中华人民共和国海岛保护法》	对海岛实行科学规划、保护优先、合理开发、永续利用的原则
2010年3月3日	《全国海洋功能区划（2011年~2020年）》	确定了我国2011年至2020年10年海洋空间开发、控制和综合管理的基调和目标
2010年9月16日	《全国海洋经济发展"十二五"规划》	确定了"十二五"期间全国海洋经济发展的主要目标：海洋经济总体实力进一步提升

白鲸遨游

禁渔令

禁渔区是全面禁止一切捕捞生产或禁止部分作业方式进行捕捞的水域，是为保护某些重要的经济鱼类、虾蟹类或其他水生经济动植物资源，在其产卵繁殖期、幼鱼生长期、索饵育肥期和越冬洄游期所划定的禁止或限制捕捞活动的水域。

休 渔

我国在夏禹时代就有"夏三月川泽不入网罟，以成鱼鳖之长"的规定。现在各个国家地区的法规中对江河湖泊、海洋的休渔期也做了明确规定。

> 海洋伏季休渔制度，简称伏季休渔、伏休，是为保护我国周边海域鱼类等资源在夏季繁殖生长而采取的措施。经国务院批准，属我国管辖一侧的黄海、东海自1995年始，每年6～9月实施休渔制度，后扩大到北纬12度以北的南海海域。经过长期的渔业管理实践，国家根据我国海洋渔业资源的实际情况，不断调整并进一步完善了伏季休渔制度的相应规定。
>
> 我国农业农村部渔业渔政管理局2018年2月9日发布《农业部关于调整海洋伏季休渔制度的通告》，指出2018年5月1日12时我国各海域全面进入伏季休渔期。
>
> 请同学们查一查今年我国四大海域休渔期的起止时间吧。

二、海洋保护区

保护区的建立，为人类保护海洋环境及其资源开辟了新的途径。截至2016年2月4日，我国已有海洋保护区201个。其中，国家级海洋自然保护区33个，面积约2万平方千米；国家级海洋特别保护区56个，面积6.9万平方千米（含海洋公园30处）。这些海洋保护区保护了具有较高科研、教学、自然历史价值的海岸、河口、岛屿等海洋生境，保护了中华白海豚等珍稀濒危海洋动物及其栖息地，也保护了红树林、珊瑚礁、滨海湿地等典型海洋生态系统。

全国第一个国家级海洋特别保护区——西门岛

山东荣成大天鹅国家级自然保护区

海洋保护区的选划主要侧重于保护对象的原始性、珍稀性和自然性等。例如，山东荣成大天鹅国家级自然保护区主要保护对象为大天鹅等珍禽及其生活环境；黄河三角洲国家级自然保护区主要保护对象为原生性湿地生态系统及珍禽。

 白鲸遨游

国家级海洋公园

海洋公园是指为保护海洋生态与历史文化价值，发挥其生态旅游功能，在特殊海洋生态景观、历史文化遗迹、独特地质地貌景观及其周边海域划定的区域。

2011年5月我国首批建立的7个国家级海洋公园见下表。

我国首批国家级海洋公园

海洋公园名称	面积/公顷
广东海陵岛国家级海洋公园	1927.26
广东特呈岛国家级海洋公园	1893.20
广西钦州茅尾海国家级海洋公园	3482.70
厦门国家级海洋公园	2487.00
江苏连云港海州湾国家级海洋公园	51455.00
刘公岛国家级海洋公园	3828.00
日照国家级海洋公园	27327.00

查一查，议一议：我国还有哪些海洋公园？

 飞鱼冲浪

（1）下面左、右两图展示的分别是我国和山东青岛第一个海洋特别保护区，你能识别出来吗？它们分别叫什么名字？

（2）下表列出了我国一些国家级海洋自然保护区的名称及主要保护对象。你能把表格中空缺的两个自然保护区的主要保护对象补充上吗？请查阅资料，至少补充填写5个其他海洋自然保护区的情况。

我国部分国家级海洋自然保护区

国家级自然保护区名称	主要保护对象
三亚珊瑚礁国家级自然保护区	
象山韭山列岛海洋生态国家级自然保护区	候鸟、中华鲟等
湛江红树林国家级自然保护区	
崇明东滩鸟类国家级自然保护区	迁徙鸟和湿地生态

如果你生活在滨海城市，请你介绍一下你生活的城市现在已经有哪些海洋保护区，它们的主要保护对象分别是什么。

三、海洋生态修复

过去30年，我国沿海区域经济和海洋经济基本上沿袭了以规模扩张为主的外延式增长模式，使得近海生态系统受到严重威胁。为了保证海洋生态的长足发展，近些年来我国大力开展海洋生态保护和修复工作。

2013年4月11日，原国家海洋局发布《国家海洋事业发展"十二五"规划》。该规划指出，要加大海洋生态保护和修复力度，建设海岸带蓝色生态屏障，恢复海洋生态功能，提高海洋生态承载力。

人工种植红树林

投放人工鱼礁

飞鱼冲浪

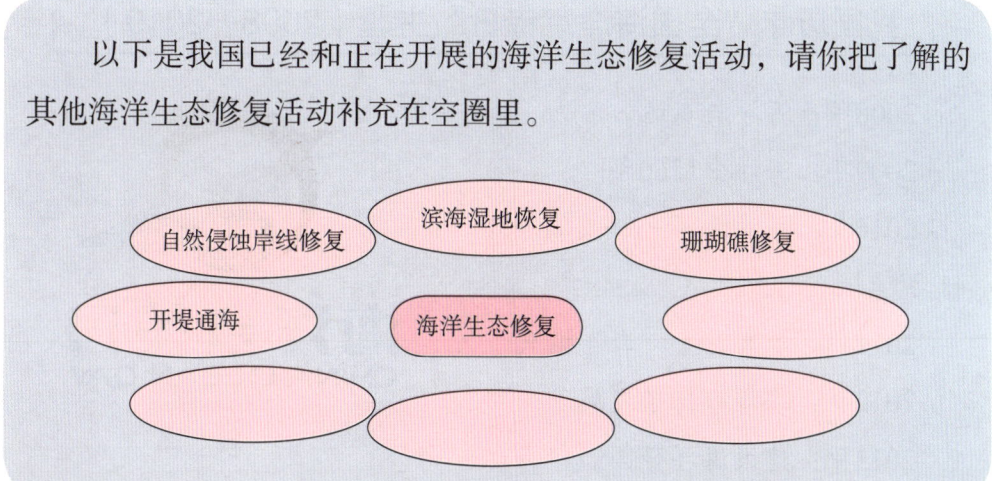

以下是我国已经和正在开展的海洋生态修复活动，请你把了解的其他海洋生态修复活动补充在空圈里。

四、全球爱海、护海

随着人们认识海洋、关爱海洋和可持续开发利用海洋的意识提高，越来越多的国家和民众切实行动起来，爱海、护海。全球人民达成共识：善待海洋，保护海洋资源。

1993年2月，联合国教科文组织政府间海洋学委员会第17届大会通过了一项关于号召各国共同举办"国际海洋年"的决议。1994年12月，联合国第49届大会宣布1998年为"国际海洋年"。1997年7月，联合国教科文组织通过了将"海洋——人类的共同遗产"作为"国际海洋年"主题的建议。2008年12月5日，第63届联合国大会决定自2009年起，将"世界海洋日"定为每年的6月8日。2008年7月18日是我国首届"全国海洋宣传日"，主题为"海洋与奥运"，活动主场设在山东青岛。从2010年起，我国的"全国海洋宣传日"也调整为每年的6月8日，当年活动主场设在天津，主题是"关爱海洋——我们一起行动"。

白鲸遨游

我国历年"全国海洋宣传日"主题（2008—2019）

2008年：海洋与奥运。

2009年：海洋中国60年。

2010年：关爱海洋——我们一起行动。

2011年：辛亥百年 海洋振兴。

2012年：海洋可持续发展。

2013年：建设海洋强国。

2014年：建设海上丝路，联通五洲四海。

2015年：依法治海、建设海洋生态文明。

2016年：关注海洋健康、守护蔚蓝星球。

2017年：扬波大海　走向深蓝。

2018年：奋进新时代　扬帆新海洋。

2019年：珍惜海洋资源　保护海洋生物多样性。

查一查：我国今年"全国海洋宣传日"的主题是什么？

请把国家名和该国的海洋相关节日连起来。

安哥拉	海神节
菲律宾	渔民岛节
巴西	捕鱼节
希腊	圣船节
墨西哥	航海周

为了人类社会的可持续发展，让我们切实行动起来，"认识海洋，关心海洋，经略海洋"！

（1）为了保护海洋，我们国家制定了相关的法律法规，划定了海洋保护区，进行了一系列的海洋生态修复工作。

（2）保护海洋，需要我们每个人切实行动起来。

海洋生态修复与治理工作正在进行

近年来海洋生态修复与治理工作广泛开展。
- 开展滨海湿地恢复、自然侵蚀岸线修复和城市滨海岸线整治。
- 对受人为开发和污染影响的河口、海湾、红树林、海草床等典型退化、受损海洋生态系统实施生态修复工程。
- 大力开展红树林种植、珊瑚礁修复、人工鱼礁投放、增殖放流、"开堤通海"、"退养还滩"等工作。

"爱我青岛，洁净沙滩"捡垃圾公益活动

美丽的青岛沿海

红瓦绿树，碧海蓝天。

这里是我们美丽的家乡青岛。每到夏天，青岛柔软的沙滩和宜人的气候都吸引着众多游客前来避暑。虽然大部分游客能够做到文明出游，但还是留下了不少垃圾。有些垃圾停留在海滩上，有些漂浮在海面或沉入海底。这些垃圾影响海洋景观，威胁航行安全，并对海洋生态系统的健康产生影响，进而对海洋经济产生负面效应。

同学们，让我们行动起来，从我做起，爱我青岛，洁净沙滩！

一、活动目的

（1）让同学们进一步了解环境污染的危害，加强环境保护意识，养成保护环境的习惯，积极参与环境保护行动。

（2）为民众提供更加洁净宜人的游玩场所，提高广大市民和游客爱护海滩、保护环境的意识。

（3）通过此次活动中对垃圾的来源、种类、数量、处理及危害的调查，丰富海洋污染统计数据。

二、活动要求

（1）大力宣传，提高关注度。积极利用微信、微博、抖音等新媒体平台进行宣传。

（2）活动中要服从指挥，遵守纪律，树立新时代好少年的形象。

三、活动前期准备

1. 确定活动地点和范围

选择离学校较近、交通较为便利的海岸，提前查好地图，确定活动的具体范围。

2. 确定分组

综合考虑个人特长和自身需求，将全部活动成员分成行动队和宣传队，再根据具体人数将6~8人分为一个活动小组，确定1人为组长。各组商议好宣传标语、口号。

行动队负责沿海岸线捡拾垃圾，进行垃圾分类整理、数据记录工作。

宣传队负责向广大游客发放保护海洋环境的宣传材料，宣传海洋生态保护知识。

3. 设计活动路线

行动队选择垃圾较容易聚集的海岸线路，注意避开危险区域。

宣传队选择游客较为密集、人流较多的路线。

4. 准备工具材料

各组将活动所需用的塑料袋、火钳、饮用水、横幅等物品准备齐全，根据活动计划制作宣传海报、宣传板、倡议书等。

四、活动实施

行动队按照规定线路对海滩的废纸、果皮、易拉罐等垃圾进行捡取。把不可回收的垃圾放入垃圾箱，对部分可回收的垃圾（如易拉罐、可乐瓶）进行分类；在整个过程中做好记录，最后汇总分析各组数据，反映给环保部门。

宣传队在人流密集地区进行环保知识宣传，向广大市民、游客发放海洋环境保护宣传材料，加强民众环境保护意识。

山东省青岛第五十七中学MO海洋社的"净滩行动"

五、注意事项

活动成员按小组安排在指定区域内分段清理垃圾。活动中须听从指挥，不可戏耍打闹，不可中途无故离开。确实有事需要中途离开者须向负责人说明情况，得到许可后才可离场。

活动成员要注意安全：往返途中注意交通安全；不要下海捡拾垃圾；危险地带如陡峭的岸边及树上的垃圾请不要勉强，量力而行。

活动成员不要将装满垃圾的塑料袋随意放置在岸边，要送到指定的集中放置区，进行垃圾分类，统一运走。

活动过程中，活动成员注意低碳环保，尽量乘坐公共交通工具。要注意自身言行，禁止破坏环境。

如遇有人乱扔垃圾等，进行友善地劝阻，谨慎处理，必要时寻求海滩管理人员的帮助，避免引起冲突。

六、讨论与交流

本次活动一共捡拾到多少种垃圾？不同类别的垃圾对海洋生态系统有哪些影响？

你在对市民、游客进行海洋环境保护知识宣传过程中遇到哪些问题？谈谈自己的感受。

第二章 生命摇篮

生命起源于海洋。海洋生物形态多样,种类繁多,包括动物、植物、微生物等类群。目前已记录的生物超过了20万种。随着调查的深入,这一数据还在增加。

第一节 生命起源于海洋

生命的存在使得地球生机勃勃。那么，地球上的生命究竟是如何诞生的呢？地球在形成之初就已经有了这些生命吗？

地球——生命的家园

通过本节学习，你将知道：
◎ 生命起源的过程。
◎ 生物演化的大致历程。

一、生命起源

关于生命起源，在人类历史长河中的大部分时间段内，大部分人都相信"神创论"，即神明创造了生命。随着科学技术的进步，虽然对这个问题还没有定论，但是大部分学者认为生命起源于海洋，认同"海洋化学起源说"的观点。

在45亿年前，地球就诞生了。在38亿年前，当陆地上还是一片荒芜时，在海洋中就孕育出了最初的生命。

 飞鱼冲浪

你知道哪些关于生命起源的说法？

( )　　　( )

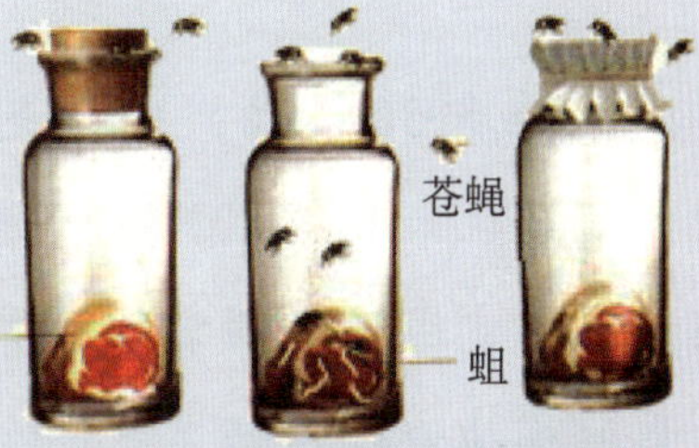

( )　　　( )

原始地球环境模拟图

在地球形成之初，地球上火山喷发频繁，广泛的火山活动和巨大陨石冲击释放的气体，不断积聚，形成了原始大气。随着地球表面和大气温度的逐渐降低，水蒸气慢慢地凝结，汇集成巨大

的水体，形成了原始的海洋。

生命，是后来在极其漫长的时间内由非生命物质经过相当复杂的化学过程演变而成的：无机小分子物质→有机小分子物质→有机大分子物质→多分子体系→原始生命。

20世纪50年代，美国芝加哥大学研究生米勒，在其导师尤里的指导下，完成了一项震惊世界的实验。他模拟地球原始大气的主要成分，将甲烷、氨、氢气等按一定比例注入密闭的实验装置中；又将一个烧瓶中的液态水加热至沸腾，产生水蒸气；最后将装有甲烷等气体的烧瓶的电极通电，以模拟早期地球环境中电闪雷鸣等自然现象。实验持续几天后，装置内检测到了氨基酸等有机化合物。

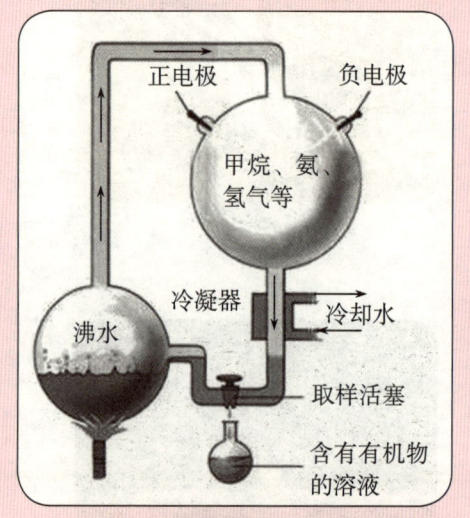

米勒的实验装置示意图

想一想：根据米勒的实验可以推测出什么结论？

二、生命演化

科学研究发现，生命的演化大体经历了由简单到复杂、由水生到陆生的复杂过程。在这个过程中，新物种不断出现，已有物种不断灭绝。各种生物在演化过程中形成了各自适应环境的形态结构和生活习性。

 白鲸遨游

生命演化的大致历程

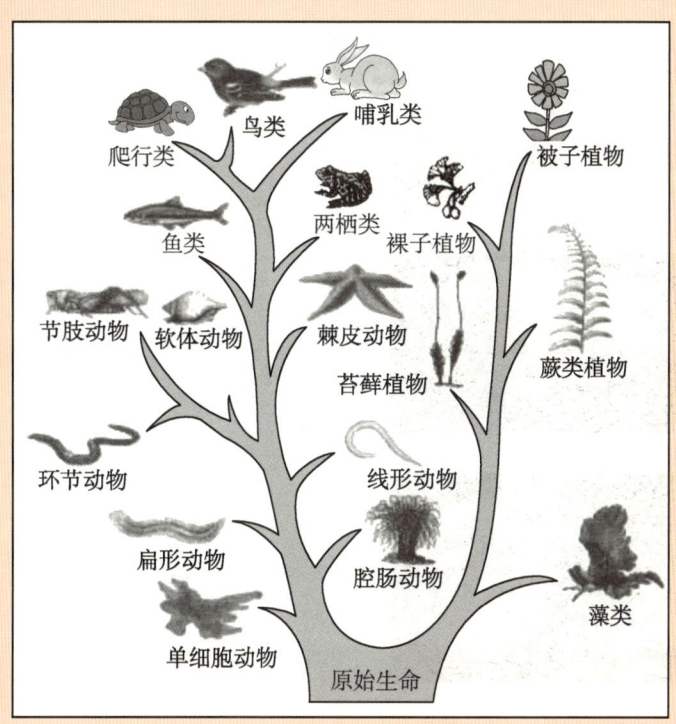

生命演化树

想一想：

（1）植物的演化大致经历哪些过程？

（2）动物在演化过程中，从哪类动物开始脱离海洋，来到陆地？

在漫长的地质年代里，地球上曾经生活过无数的生物。生物死亡之后的遗体或是生活时遗留下来的痕迹，被沉积物掩埋起来，经过复杂的变化，有可能变成化石。

我们把石化了的生物遗体、遗物或生活痕迹称为化石。化石历经沧海桑田的演变，是生物演化史上具有重要意义的标本，是珍贵的自然和文化遗产。

 飞鱼冲浪

你认识它们吗？请将图片与对应的化石名称连起来。

珊瑚化石

三叶虫化石

鲸类化石

菊石化石

地球上的生命有超过38亿年的演化史。如果我们的遗传物质有记忆的话，也许能"想起"38亿年前我们就是一个普通的古菌。想象一下生命起源时的潮起潮落、日出日落，想象陨石砸向地球的场景，那真是一轴壮丽而又神秘的画卷啊！

（1）关于生命起源的假说有很多，学者们大多认同"海洋化学起源说"。

（2）生命的演化大体经历了由简单到复杂、由水生到陆生的复杂过程，化石是重要的证据。

生命可能起源于深海热液喷口？

地球上的生命是从哪里来的？这个问题一直是科学家热衷研究的课题，但至今此谜仍未完全解开。近年来，有科学家提出"生命起源于海底热液喷口"，这是为什么呢？

随着对海底热液喷口及其生态系统研究的深入，科学家发现深海热液环境与地球早期的环境非常相似，热液微生物具有"不依赖于太阳光"以及"嗜热"的特性。一种新的科学假说——"生命起源于海底热液喷口"逐渐受到人们的关注。

海洋刚形成时，海底热液活动的强度是现今强度的5倍。广泛并剧烈的海底热液活动导致了地球内部热量的散逸以及大量还原性金属元素和气体的产生。因此，那个时候的海洋处于强还原环境，富含还原态的铁、铜、锌、铅、锰等金属离子，以及甲

深海热液喷口

烷、氢气和硫化氢等气体，海水的温度维持在70℃～100℃。由于光合作用还没有出现，大气中几乎不含氧气，二氧化碳的含量很高，因而海洋呈酸性。不难看出，早期海洋所具有的环境与现代海底热液喷口周围的环境非常相似。科学家猜想，正是在早期海洋海底热液喷口周围，生命开始悄悄地萌芽了。

那么，哪些生物才是地球上所有生命的"共同祖先"呢？科学家进行基因测序，根据"分子钟"理论，勾勒出了地球上所有生物的"生命演化树"。他们发现，位于"演化树"根部，代表着地球上所有生物"共同祖先"的微生物，绝大多数是从海底热液环境中分离得到的超嗜热古菌。它们的平均最佳生长温度超过80℃，能够利用热液喷口周围环境中的各种无机化学反应所释放出来的能量来维系自身的生命活动，进而支撑整个生态系统。这是生命起源于海底热液喷口的核心证据。

第二节 奇妙的海洋微生物

在我国大陆地区传统的教科书中，微生物均被划分为以下几大类：细菌、病毒、放线菌、立克次体、支原体、衣原体、螺旋体。其中，有些微生物是一类由核酸和蛋白质等少数几种成分组成的"非细胞生物"，它们的生存必须依赖于活细胞。那么，海洋微生物具有怎样的特征呢？

放射状的海洋细菌

通过本节学习，你将知道：
◎ 海洋微生物发挥的作用。
◎ 海洋细菌的特点。

一、海洋微生物总览

与陆地相比，海洋环境具有高盐、高压、低温和稀营养的特征。海洋微生物长期适应复杂的海洋环境，因而有其独具的特性。

作为分解者,海洋微生物促进了物质循环,在海洋沉积成岩及海底成油成气过程中,都起了重要作用。还有一小部分化能自养海洋微生物,是深海生物群落中的生产者。海洋细菌可以污损水工构筑物,在特定条件下其代谢产物如氨及硫化氢也可毒化养殖环境,从而造成养殖业的经济损失。海洋微生物中有些可以拮抗陆源致病菌,有些能够降解多种类型的污染物,还有的可能提供新抗生素以及其他药物资源。因而,随着研究技术的进步,海洋微生物日益受到重视。

海洋堪称世界上最庞大的恒化器,能承受巨大的冲击(如污染)而仍保持其生产力;微生物在其中是不可缺少的活跃因素。自人类开发利用海洋以来,竞争性的捕捞和航海活动、大工业兴起带来的污染以及海洋养殖场的无限扩大等,使海洋生态系统的动态平衡遭受严重破坏。海洋微生物对环境变化反应灵敏,适应力强,繁殖速度快,可迅速形成异常环境微生物区系,积极参与氧化还原活动,调整与促进新动态平衡的形成。从暂时或局部的效果来看,其活动结果可能兼有利与弊,但从长远或全局的效果来看,微生物的活动始终是海洋生态系统中最积极的一环。

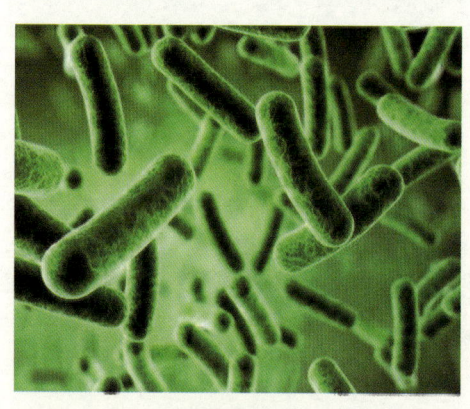

海洋弧菌

在海洋动植物体表或动物消化道内往往形成特异的微生物区系。例如,弧菌等是海洋动物消化道中常见的细菌,分解几丁质的微生物往往是肉食性海洋动物消化道微生物区系的成员,利用多糖的细菌常是某些海藻上的优势菌群。微生物代谢的中间产物如抗生素、维生素、氨基酸或毒素等是促进或限制某些海洋生物生存与生长的因素。某些浮游生物与微生物之间存在着相互依存的营养关系。例如,细菌为浮游藻类提供维生素等营养物质,浮游藻类分泌乙醇酸等作为某些细菌的能源与碳源。

此外,海洋微生物可以参与降解多种海洋污染物,有助于海水的自净化和维持海洋生态系统的稳定。

 飞鱼冲浪

你还了解哪些海洋微生物？

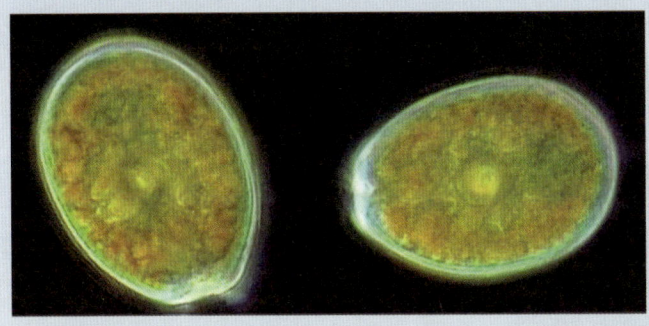
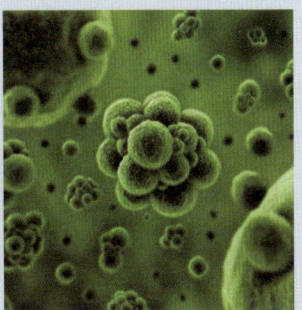

海洋微生物

 白鲸遨游

海洋化能自养细菌

一些海洋细菌能进行光合作用，而海洋化能自养细菌可通过对氨、亚硝酸盐、甲烷、氢气和硫化氢的氧化获取能量而增殖。例如，在深海热液生态系统中，某些硫细菌是利用硫化氢作为能源而增殖的生产者。不论异养还是自养微生物，其自身的增殖都为海洋游泳动物、浮游动物以及底栖动物等提供直接的营养来源。这在食物链上有助于初级或高层次的物质生产。

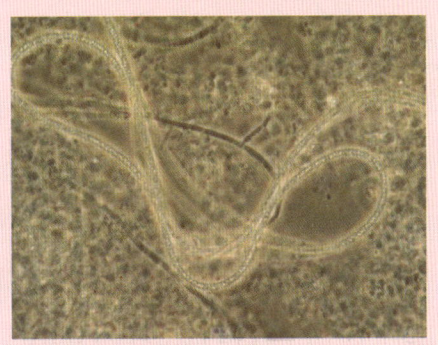

贝氏硫细菌

想一想：在深海热液生态系统中硫细菌是如何承担初级生产的"责任"的？

二、海洋细菌

海洋细菌分布广、数量多,在海洋生态系统中起着特殊的作用。

海水中的细菌以革兰氏阴性菌占优势,常见的有假单胞菌属等10余个属。相反,海底沉积物中则以革兰氏阳性菌偏多。芽孢杆菌属是大陆架沉积物中最常见的属。

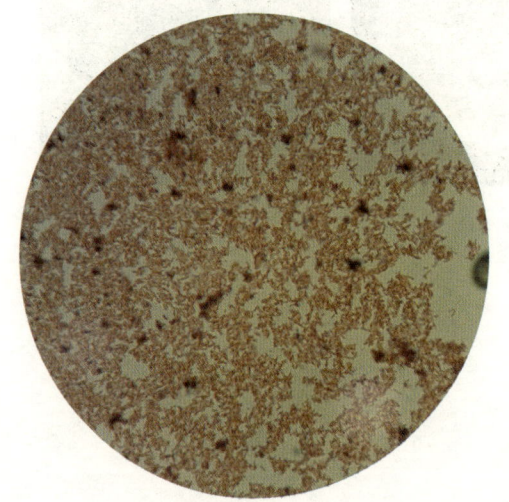
革兰氏阴性菌

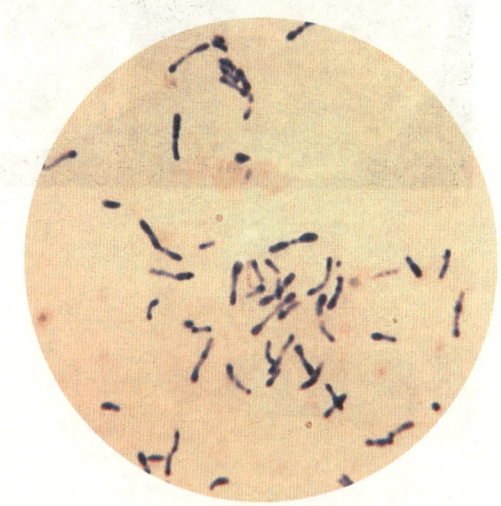
革兰氏阳性菌

海洋细菌是海洋微生物中最重要的成员。海洋经历着变动而又不断地保持着动态平衡,始终富有生命力和生产力,海洋细菌在其中起着重要的作用。当海洋生态系统的动态平衡遭受破坏时,海洋细菌以其快速的适应能力和极快的繁殖速度,迅速形成异常微生物区系,积极参与氧化、

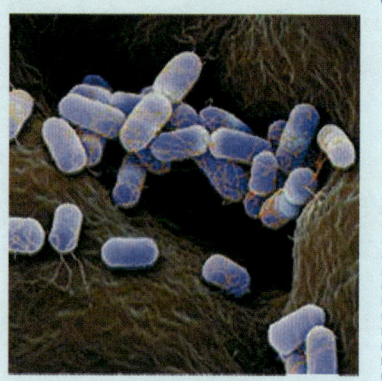
某种海洋细菌

还原活动，促进海洋生态系统新动态平衡的形成。

想一想，议一议：你能举例说明海洋细菌在海洋生态系统中发挥的作用吗？

微生物分布状况研究

大洋水体中细菌密度较小，每毫升海水中有时分离不出1个菌落，因此必须采用薄膜过滤法：将一定体积的海水样品用孔径0.2微米的薄膜过滤，使样品中的细菌聚集在薄膜上，再采用直接显微计数法或培养法计数。

薄膜过滤器

大洋水体中细菌密度一般为每40毫升几个至几十个。有人试图利用微生物分布状况来指示不同水团或温跃层界面处有机物质积聚的特点，进而分析水团来源或转移的规律。

想一想，查一查：你知道如何用微生物分布状况来分析水团来源吗？

（1）海洋微生物作为分解者参与物质循环，参与降解海洋污染物。

（2）海洋细菌分布广、数量多。海水中的细菌以革兰氏阴性杆菌占优势。

海星闪闪

海洋微生物所需的元素

海水中富含多种无机盐。钠为海洋微生物生长与代谢所必需的元素。此外，钾、镁、钙、磷、硫等微量元素也是某些海洋微生物生长所必需的。海水中化学元素的含量差别很大。除氢和氧外，每千克海水中含量在1毫克以上的元素有氯、钠、镁、硫、钙、钾、溴、碳、锶、硼、硅和氟12种。它们一般被称为"常量元素"。海水中硅酸盐浓度变化幅度较大，在开阔大洋可能低于1毫克/千克，且受生物活动影响较大，性质不稳定。海水中其他化学元素含量极少，其中，每千克海水含量小于1毫克的元素被称为微量元素。微量元素有锂、氮、磷、锰、铁、镍、铜、锌、砷、铷、镉、碘、铯、钡、汞、铅、铀等。海水中的盐分，以氯化钠最多，占88.6%；硫酸盐占10.8%。溶解于海水中的化学元素绝大多数是以离子的形式存在的。海水的常量元素之间的浓度比例相对较为稳定。主要阳离子有钠离子、钾离子、钙离子、镁离子、锶离子。主要阴离子有氯离子、硫酸根离子、溴离子、碳酸根离子/碳酸氢根离子、氟离子。硼酸以分子形式存在。这些物质占海水盐分的99.9%，且具有一定的恒定性。另外，不同的元素在海水中的停留时间也有所不同。人们利用海水的稳定特性开发了人工海水配方用于一般的生产和生活。

第三节　五彩斑斓的海洋藻类

 海燕领航

海洋藻类，即海藻，指生活在海洋中的藻类；是具有叶绿素、能进行光合作用，但缺少维管束和胚等构造的类似植物的水生生物。海藻是海洋中的主要初级生产者。

波涛中的海藻

海藻主要有硅藻（如盒形藻、圆筛藻、星杆藻等）、甲藻（如原甲藻、叉状角藻、三角角藻等）、蓝藻（如颤藻、细发束藻、蓝球藻等）、绿藻（如浒苔、网球藻、蕨藻等）、红藻（如石花菜、紫菜、粉枝藻等）、褐藻（如海带、裙带菜、团扇藻等）等。

  蓝色彼岸

通过本节学习，你将知道：
◎ 海藻在生活、生产中发挥的作用。
◎ 海藻的具体分类。

一、海藻总览

根据生活习性，海藻分为浮游藻类和定生藻类。

浮游藻类生活在海洋的上层，而且以单细胞或单细胞群体的形式出现。浮游藻类是海洋中生物量最大的类群，分布广泛，是海洋中主要的初级生产者。藻类细胞具有光合色素，可以利用太阳能进行光合作用，制造有机物。同时，藻类特别是浮游藻类作为海洋动物直接或间接的饵料来源，对于维护海洋的生态平衡和物质循环起到了极其重要的作用。因此，我们把藻类看作海洋原始生产力的标志。

浅海海洋藻类

海洋定生藻类中，有许多为大型的、具有经济价值的藻类，如海带、海萝、裙带菜、紫菜、石花菜、羊栖菜等。它们生长在水深200米以内的大陆架海底以及岩礁、贝壳等表面。这些大型藻类资源丰富，味道鲜美，是人类"绿色食品"的重要来源之一。

有关危害人类的海藻，目前知道的较少。除赤潮藻外，有些海藻如浒苔、水云等是海洋污着生物，会使舰船减速，给国防和交通运输事业带来一定影响。

海藻的作用

海藻可供人类直接食用。据统计，全世界可供食用的海藻近百种，其中绿藻的石莼、礁膜，褐藻的海带、裙带菜和红藻门的紫菜等都为人熟知。海藻药用已有悠久的历史。据我国《神农本草经》和《名医别录》记载，羊栖菜和昆布是治疗甲状腺肿的最早的中药，鹧鸪菜和海人草是有名的驱蛔药用海藻。海藻可用作家禽和家畜的饲料；因含钾丰富，还可用作农田肥料。

海带

紫菜

想一想：海藻对人类有哪些益处？

二、海藻的分类

海藻主要包括甲藻、硅藻、绿藻、红藻、褐藻、金藻、蓝藻等。

甲藻中有纵裂甲藻和横裂甲藻：① 纵裂甲藻藻体为单细胞，有两条无茸、不等长的鞭毛着生在细胞的前端或近前端处，营浮游生活。② 横裂甲藻藻体为游动的单细胞或由单细胞连成的各种形状的群体。在细胞腹面纵横沟交界附近侧生两条鞭毛，一条多茸，另一条无茸。

硅藻分两纲：① 中心硅藻纲。细胞呈圆盘形、圆柱形、三棱形、多棱形等形状，群体为链状。壳面有辐射对称的花纹，没有壳缝或假壳缝，不能滑动。② 羽纹硅藻纲。壳面花纹以壳面长轴为中线，两侧对称，壳面有或无壳缝，或有假壳缝，能滑动。

绿藻依据其形态结构和生殖方式可分为不同的纲，我国海生绿藻只有绿藻纲。

红藻分两纲：① 红毛菜纲。绝大多数种为丝状体或简单的叶状体，极少数种为单细胞。纹孔联结可存在，但在光学显微镜下不易见到。细胞单核，常有一较大的片状星形色素体和一淀粉核。弥漫性生长。② 真红藻纲。纹孔联结易于见到，并分初生和次生两种。除极少数（珊瑚藻科和红叶藻科）偶见中间生长外，全为顶端生长。

金藻有两纲：① 金藻纲。有两条不等长的鞭毛，一条无茸，一条多茸；或只有一条多茸鞭毛。② 定鞭金藻纲。有两条等长的无茸鞭毛，有附着鞭毛。

蓝藻只有一纲，即蓝藻纲。蓝藻纲根据藻体为单细胞、丝状体和非丝状群体的形态以及生殖等特征再分目。蓝藻分布的范围很广，从极地到赤道海域均有分布。蓝藻营浮游、底栖、共生等生活方式。原绿藻被认为属于蓝藻门。原绿藻藻体为单细胞，草绿色，聚生在含胶的被囊动物，特别是海鞘体上，多见于潮下带珊瑚礁上。由于原绿藻细胞为原核细胞，色素体与绿藻的相同，因而在演化上被认为是绿藻的祖先。我国西沙群岛和海南岛海域已发现有原绿藻。

浒苔　　　　　　　　　蓝藻

金藻　　　　　　　　　带形蜈蚣藻

 白鲸遨游

褐 藻

褐藻大部分种类生长在冷温带潮间带及潮下带区域，因含有大量的类胡萝卜素（岩藻黄素）以及褐藻单宁酸类物质而呈现出特殊的棕褐色。褐藻均属于大型藻类，具有丝状、假薄壁组织和薄壁组织藻体，并且在生活史中具有明显的不等世代交替。除了卵外，褐藻的生殖细胞多数可以游动。褐藻的色素种类包括叶绿素a、叶绿素c_1、叶绿素c_2、β-胡萝卜素、墨角藻黄素、紫黄素、花药黄素和玉米黄素。

巨 藻

囊 藻

查一查：褐藻包括哪些种类？你见过哪些褐藻？

 精灵拾贝

（1）海藻营养丰富，是海洋主要的初级生产者，是人类"绿色食品"的重要来源。

（2）海藻主要包括甲藻、硅藻、绿藻、红藻、褐藻、金藻、蓝藻等。

海星闪闪

海藻在生活、生产中的应用

某种角叉菜

江蓠

海藻中可提取藻胶等物质。琼胶是从红藻门石花菜、鸡毛菜和江蓠等属种中提取的一种藻胶。由于琼胶有特殊的胶凝性质、显著的稳固性、滞度和滞后性，在学术研究上被广泛应用于制备细菌培养基，在食品、酿造、塑料、印刷等工业上有很大用途。卡拉胶是红藻门麒麟菜、角叉菜、杉藻或沙菜等属种中提取的另一种藻胶。由于卡拉胶有特殊的稳定效果，已被广泛用于食品加工。褐藻胶是从大型褐藻（如海带、巨藻等）中提取的，由于其特殊的理化性质，多应用于纺织、造纸、涂料和食品工业中。此外，从红藻门的海萝中所提取的海萝胶和从叉藻中提取的叉藻胶（又名丹麦琼胶），也都分别应用于纺织和食品工业，特别是乳制品加工中。

有些海藻的产量很大，在美国加利福尼亚海岸每公顷的海面就生长有60~100吨巨藻及其他的藻类。人们正在研究在海面上栽培巨藻，作为新的沼气能源材料。硅藻死后沉积而成的硅藻土，是研磨光学镜片的材料，还常在工业中被用作过滤剂和吸附剂。

第四节 摇曳生姿的海洋腔肠动物

 海燕领航

蔚蓝的海洋世界里，漂浮着大大小小、轻盈美丽的"花伞"。它们随波浮动，像个舞者。从潮间带到深海，都有它们的身影。你认识它们吗？它们真的如看起来那般柔弱吗？

夜光游水母

 蓝色彼岸

通过本节学习，你将知道：
◎ 腔肠动物的基本特征。
◎ 水母的形态和习性。

一、腔肠动物总览

腔肠动物的身体结构比较简单，一般呈辐射对称，有口，无肛门，具有刺细胞。腔肠动物大多生活在海洋中，如珊瑚虫、海葵、绝大多数水母等；少数生活在淡水，如淡水水螅类、桃花水母。腔肠动物由内外

两胚层组成；两层间有一很厚且透明的中胶层。内胚层细胞围成消化循环腔。食物从口进入消化循环腔进行消化，剩余的食物残渣仍从口排出。腔肠动物运动能力较弱，有的附着生活，如水螅；有的漂浮移动，如水母。

你认识这些腔肠动物吗？试着填一填它们的名称吧！

（　　　　）　　　（　　　　）　　　（　　　　）

海　蜇

提起海蜇，青岛等沿海城市的人们并不会陌生。凉拌海蜇皮、老醋蜇头成为海边人餐桌上的佳肴。你知道吗？我们食用的海蜇也是水母家族的一员呢！

我国是有史料记载的第一个食用海蜇的国家。海蜇含水量达90%

以上，另含有蛋白质，糖类，脂肪酸，钙、碘、铁、锌等元素，多种维生素，以及其他生物活性物质。加工后，海蜇伞部的俗称为海蜇皮，口腕部的俗称为海蜇头，而海蜇生殖腺的俗称为海蜇花。

海　蜇

凉拌海蜇皮

除此之外，你对海蜇还有哪些了解呢？

二、漂浮的"花伞"——水母

水母是一类具有两胚层的无脊椎动物，隶属腔肠动物门，绝大多数生活在海洋中。水母的出现比恐龙还早，可追溯到五六亿年前。

水母常见于各地的海洋中，以热带和亚热带海洋的浅水区种类最丰富。水母身体含水量一般可达90%以上。水母并不擅长游泳，往往要借助风、浪、水流等的帮助来运动，看起来就好像一把伞在水中漂移。

水母既能进行有性繁殖也能进行无性繁殖。强大的生殖能力和环境适应能力使位于食物链底端的水母生生不息、延续至今。

 飞鱼冲浪

水母的形态各异，种类繁多。请你仔细观察，发挥想象力，试着将图片中的水母和它的名称连一连吧。

　　　　僧帽水母

　　　　花笠水母

　　　　海月水母

　　　　狮鬃水母

有些水母会发出美丽的光,让本来就飘逸的身姿更加曼妙。然而水母美丽的背后隐伏着杀机,它们体内还藏着"秘密武器"。

 白鲸遨游

水母发光和水母的"秘密武器"

维多利亚多管发光水母

有些水母之所以能发光,是因为它们身体里有神奇的发光蛋白质。这些水母发光可不是为了美观。有些水母发光是为了吸引猎物前来,自己趁机捕捉;有些水母受到惊扰时发光,这是在寻求"外援",吸引更高级的消费者来捕食它们的天敌,从而保护自己。

虽然水母看起来漂亮迷人,但是有很多动物在它们的触手之下丧命。水母触手上的刺细胞里有储存毒液的刺丝囊。它们利用刺丝囊发射刺丝,将毒液注入动物体内。人类被蜇伤后会出现皮疹、红肿、瘙痒、疼痛、血压降低等症状,严重的甚至会呼吸困难、昏厥、休克甚至死亡。

查一查:如果不慎被水母蜇到,该怎么做呢?

水母这样的冷酷杀手也有柔情的一面。一种双鳍鲳（俗名小牧鱼）是霞水母的共生伙伴。遇到大鱼游来，小牧鱼就游到"巨伞"下有着刺细胞的触手中间"避难"，巧妙地躲过敌害。有时，小牧鱼甚至还能将大鱼

营共生生活的小牧鱼和霞水母

引诱到霞水母的"狩猎"范围内使其丧命。同时，小牧鱼还可以吃到霞水母吃剩的残渣碎片。那么，霞水母触手上的刺细胞为什么不伤害小牧鱼呢？这是因为小牧鱼行动灵活，能够巧妙地避开"毒丝"，不易受到伤害。不过，偶然也有小牧鱼不慎死于"毒丝"下的情况。

精灵拾贝

（1）腔肠动物身体呈辐射对称，有口，无肛门，体表有刺细胞。

（2）水母消化和生殖能力强，具有刺细胞，有的会发光。霞水母与小牧鱼为共生关系。

海星闪闪

"气象预报员"——水母

澳洲斑点水母

常去海边的人知道,水母多出现在海面平静的时候。风高浪急时一只水母都看不到。这并不是偶然的,因为水母还能够预测气象呢!

水母的活动很有规律,风平浪静、光线柔和的白天常游到水体表层;大风、暴雨、急流、烈日和夜晚时多游到海水下层。有经验的渔民和船员,通过观察水母的活动,就可以判断天气的变化。

水母伞状体边缘有8个缺刻,每个缺刻有个触手囊,每个触手囊中都有钙质的平衡石。这是水母能够预知风暴到来的秘密所在。在风暴来临前的十几小时,水母捕捉到海浪和空气摩擦产生的次声波,进而判断出风暴要来的信息,然后远离危险的海面,逃到安全的深海。

仿生学家受到水母的启发,成功研制出了风暴预测仪。借助这项发明,人类能提早15小时预测到海洋风暴的来临、方向、级别等,为航海和渔业提供重要信息。

第五节　外刚内柔的海洋节肢动物

 海燕领航

"秋风起，蟹脚痒。菊花开，闻蟹香。"每年9、10月都是吃蟹的好时节。中秋前后，梭子蟹大丰收，市场上随处可见。赶海时，在石缝和滩涂中，也能看到蟹的身影。此外，你对蟹还有哪些了解呢？蟹属于哪类动物呢？

三疣梭子蟹

 蓝色彼岸

通过本节学习，你将知道：
◎ 节肢动物的基本特征。
◎ 蟹的形态和习性。

一、节肢动物总览

节肢动物门是动物界中最大的一门，种类繁多，分布极广。该门类动物的体表有坚韧的外骨骼，身体和附肢都分节，故名节肢动物。

甲壳动物是海洋节肢动物中最庞大的类群，虾、蟹、桡足类等都是甲壳亚门的典型代表。甲壳动物绝大多数生活在海洋中，一般用鳃呼吸；头部有2对触角；身体有多对附肢，且典型附肢为双肢型。它们的外

骨骼含有较多的石灰质，使外壳坚硬似甲，以此保护内部柔软的内脏。与昆虫纲动物类似，甲壳动物的发育过程有蜕皮现象。

绝大多数甲壳动物为水生生物，营底栖、游泳或浮游（如桡足类、磷虾等）生活。少数种类甲壳动物营陆栖生活，但其栖息环境靠近水边或为潮湿的陆地。大多数种类的甲壳动物既能游泳又能爬行。

请你判断以下哪些海洋生物属于节肢动物？

藤 壶　　　寄居蟹　　　海蟑螂　　　博比特虫

鲎

鲎是肢口纲的节肢动物，因其头胸甲形如马蹄，又名马蹄蟹。鲎是名副其实的远古遗民，有"活化石"的美称。鲎现生种类只有1目1科3属4种，全部生活于海洋中。除美洲鲎分布于北美洲和中美洲沿海外，其余3种——中国鲎、圆尾

鲎

鲎、南方鲎都分布于东南亚沿海。鲎有4只眼睛，包括2只单眼、2只复眼。鲎的血液呈蓝色。从鲎的血液中制备的鲎试剂可以准确、快速地检测样品中是否含有细菌内毒素和真菌葡聚糖，被广泛用于制药、临床以及科研等领域。

查一查：为什么鲎的血液是蓝色的？

二、横行的"隐居者"——蟹

蟹在海洋、淡水及陆地都有分布。大多数蟹为海生，而且多分布在水深200米以内的大陆架海域。我国蟹类资源丰富，蟹类食用历史久远。

蟹的腹部折向头胸部的腹面，背甲通常宽阔。蟹具有1对螯足，螯足具有摄食、自卫、挖掘洞穴等功能。蟹的运动行为有爬行、游泳等。梭子蟹等可用桨状的附肢游泳，动作灵巧。蟹用鳃呼吸。蟹多为杂食性，可以鱼、虾、贝、藻为食。蟹雌雄异体，体内受精，发育过程中经多次蜕皮后长为成蟹。

不少甲壳动物，如对虾、梭子蟹等不仅肉质鲜美，营养丰富，虾壳、蟹壳也可以做成如图所示的精美手工艺品。

以后吃完虾蟹，也可以动手试一试！

 白鲸遨游

蟹为什么横着走

我们一般用"横行将军"来喻指蟹类。与其他海洋甲壳动物不同，大多数蟹都是横着走的，当然也有例外。比如，成群生活在沙滩上的和尚蟹就可以向前奔走；生活在海藻丛中的许多蜘蛛蟹，还能在海藻上竖直攀爬。

招潮蟹

短趾和尚蟹

蜘蛛蟹

想一想，议一议：关于蟹横着走的原因，有多种多样的推测。说说你的看法吧！

蟹肉含有丰富的蛋白质、微量元素等。蟹壳中还能提取甲壳素。甲壳素的衍生物，如壳聚糖、氨基葡萄糖等，在医药、保健等领域用途广泛。此外，甲壳素也存在于其他节肢动物外壳及真菌等的细胞壁中。

我国蟹类养殖技术成熟。青岛沿海常见的三疣梭子蟹肉嫩味鲜、营养丰富、产量高，养殖成本低、管理方便、经济效益好，长期以来受到广大群众的喜爱，是养殖户乐意养殖的畅销品种。

 白鲸遨游

请你来设计：梭子蟹养殖场

三疣梭子蟹栖息于水深10～30米的泥沙质海底。三疣梭子蟹畏强光，喜食鱼虾，有时也吃同类。三疣梭子蟹适宜的生长温度为25℃～28℃。

如果要进行梭子蟹养殖的话，还需要了解哪些信息？请你查阅资料，设计一个小型的梭子蟹养殖场。

梭子蟹养殖

 精灵拾贝

（1）节肢动物是动物界中最大的一门；体表有外骨骼，身体和附肢分节。甲壳动物是海洋节肢动物中最庞大的类群。

（2）蟹用鳃呼吸；运动方式有爬行、游泳等；杂食性；雌雄异体，体内受精。

 海星闪闪

海螯虾、龙虾和小龙虾

海螯虾，英文名为lobster，属于十足目螯虾下目海螯虾科。海螯虾突出的特征是有一对大螯，触角较细且短。海螯虾科共10余属50余种。

龙虾，英文名为spiny lobster，是海水龙虾的统称，属于十足目无螯下目龙虾科。龙虾没有螯，但长着又长又粗且多刺的触角。龙虾科共10余属60余种。

欧洲螯龙虾

锦绣龙虾

杂色龙虾

小龙虾，英文名为crayfish，特指被广泛食用的克氏原螯虾，是一种淡水经济虾类，属于十足目螯虾下目蝲蛄科。小龙虾体型较小，有螯。

小龙虾

第六节　分身有术的棘皮动物

 海燕领航

退潮后，我们能在海滨的沙滩上或礁石缝里看到一些美丽的、如同星星一般的生物。它们生活在海洋底部，大多精通"再生术"，从不担心"缺胳膊少腿"。你认识这类生物吗？它们有怎样的形态特征呢？

赤丽棘海星

  蓝色彼岸

通过本节学习，你将知道：
◎ 棘皮动物的基本特征。
◎ 海星的形态和习性。

一、棘皮动物总览

在海洋底部，生活着一个神秘的家族。它们因大多体表粗糙，具有许多突出的棘或刺，故名棘皮动物。棘皮动物是海洋中所特有的，现有

7 000多种,大多营底栖生活,在无脊椎动物中演化地位很高。

棘皮动物身体多为五辐射对称,多有发达的碳酸钙骨骼。身体分为口面和反口面。口面用于进食,食物残渣从反口面排出。棘皮动物的体内具有独特的水管系统,具有运动、感觉、摄食以及呼吸功能。棘皮动物运动十分缓慢,食性有滤食性、碎屑食性、沉积食性和肉食性。许多棘皮动物又是某些鱼类的饵料,成为海洋食物链中的一大环节。棘皮动物对海洋水质污染很敏感,再生力一般很强。

下图中这些奇形怪状的生物可都是棘皮动物呢!你知道它们的名称吗?

(　　)　　　　(　　)　　　　(　　)

海星、海胆、海参等都是棘皮动物家族的"名角"。海参中的刺参,营养价值极高,被列入了"海中八珍"。不少海星和海胆的生殖腺味道十分鲜美,也纷纷被搬上了人们的餐桌。

 白鲸遨游

棘皮动物的"分身术"

棘皮动物大多具有高超的"分身术"。海星被困住时，会自行断腕，趁机逃生。一段时间后，它们又会重新长出一个新的腕。多数海星腕的再生需要至少部分中央盘的存在；少数海星，单从断腕便可以长出新的完整的中央盘。

多棘海盘车（正面）

多棘海盘车（反面）

海参平时行动蹒跚。一旦遇到敌人，有些海参会快速将内脏排出，自己溜之大吉并再生出一副新的内脏来。还有些海参能释放毒素。有些海参受干扰时很容易自割——将背部体壁剥落或溶解。

仿刺参

想一想，查一查：你还知道哪些拥有再生能力的动物呢？

二、海底的"星星"——海星

海星属于棘皮动物门中的海星纲，又被称为星鱼。海星身体多为五辐射对称，体表有短棘和叉棘覆盖，体盘和腕分界不明显。平时口面向下，反口面向上。海星通常有5条腕，少数种类有4条、6条或7条腕，也有些种类有10～15条腕，有的种类甚至有50余条腕。海星分布十分广

泛,从热带到寒带海域,甚至在水深6 000米的深渊,都可能搜寻到它们的身影。海星大小不一,体色也不尽相同,常见的有红色、橘黄色、紫色、青色等。

多孔单鳃海星

海星的管足

海星体表形成突起的皮鳃,有呼吸和排泄的功能。腕的顶端有眼点,可感光。海星的腕腹面有管足,管足末端有吸盘。管足发挥辅助摄食和运动的功能,并具有一定的呼吸和排泄作用。

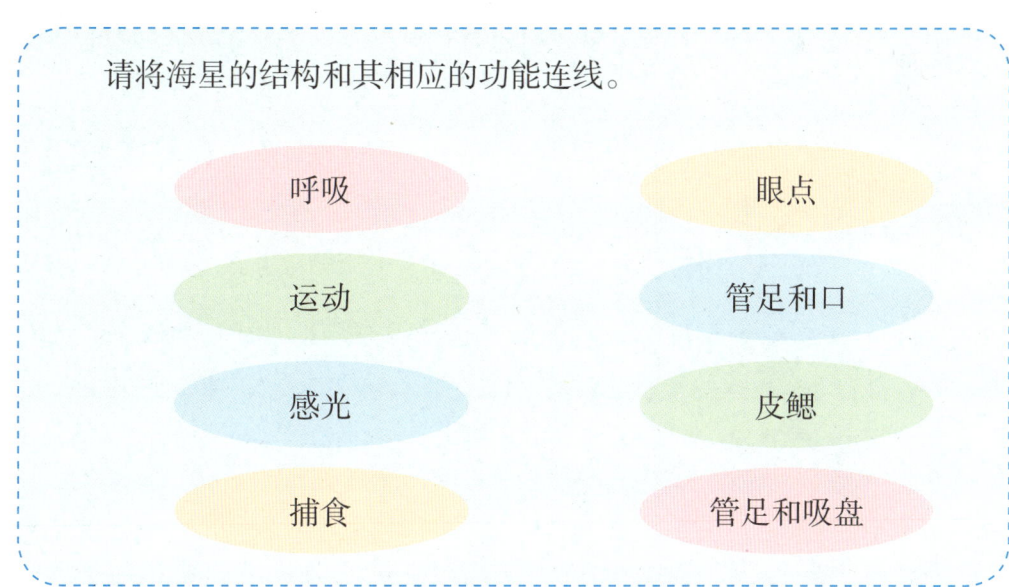

请将海星的结构和其相应的功能连线。

呼吸	眼点
运动	管足和口
感光	皮鳃
捕食	管足和吸盘

海星多数雌雄异体,少数雌雄同体;有的可以无性生殖。

 白鲸遨游

海星中的"肉食主义者"

摄食贝类的海星

海星虽然看起来十分乖巧，比较容易接近，但其实不少是"肉食主义者"。海星的口在腹面。肉食性海星尤其喜食贝类，海绵、海葵等也是它们捕食的对象。海胆是海星的近亲，可是在食物短缺时，某些海星也会捕食海胆。

你知道小小的海星是如何吃掉比自己大好几倍的食物的吗？

多数海星精卵在水中结合，幼虫经过一段时期的浮游生活和变态发育。少数海星体内受精，某些种类的海星还有孵卵行为，甚至将卵置于身体的特殊结构中，从而避免卵被其他海洋生物吃掉。

 精灵拾贝

（1）棘皮动物身体多为五辐射对称，多有发达的碳酸钙骨骼，体表生有棘或刺；有独特的水管系统，具有运动、感觉、摄食以及呼吸功能。

（2）海星身体多为五辐射对称，体表有短棘和叉棘覆盖，体盘和腕分界不明显。海星多数雌雄异体，少数雌雄同体；有的可以无性生殖。

 海星闪闪

最古老的棘皮动物

海百合是一类始见于奥陶纪的棘皮动物。死亡以后，海百合的钙质柄、萼很容易保存下来成为化石，为古环境、古生物研究提供重要的证据。海百合有众多化石种，是古生代的重要标志化石。

海百合纲中固着生长的海百合一辈子扎根海底，不能行走。海百合的身体有一个像植物茎一样的柄，柄上端羽状的如同花萼一般的结构是它们的触手，也叫腕。

珊瑚礁上形形色色的海百合

多彩海百合　　　　某种海羊齿　　　　海百合化石

海百合纲中还有一类无柄、自由生活的种类，称为"海羊齿"。它们五彩缤纷，悠悠荡荡，四处漂流，被人称作"海中仙女"。它们还有一个美丽的名字——羽星。有时，为躲避敌害，它们也会躲到石缝中隐藏。

由于羽星可自由行动，成了海百合家族中的旺族。而有柄的海百合，适应能力差，不能有效保护自己，数量较少。

第七节　形形色色的海洋鱼类

海洋中生活着形形色色的鱼类。鲨鱼早在恐龙出现前的2亿年就已经存在于地球上,至今其存在时间已超过4亿年。你了解鲨鱼吗?鲨鱼与其他的海洋鱼类有什么区别?

长鳍真鲨

通过本节学习,你将知道:
○ 海洋鱼类的基本特征。
○ 鲨鱼的形态和习性。

一、鱼类总览

经过几亿年的演化过程,鱼类逐渐适应了各自的生活环境,几乎遍布于全球各个水域。海洋鱼类从两极到赤道海域,从潮间带到大洋,从海洋表层到万米深渊都有分布。现生鱼类共3万余种,其中海洋鱼类约有1.8万种。

鱼类之所以能在水中生活,有两个特点至关重要:一是能够在水中呼吸，二是能够游泳。海洋鱼类的主要特征如下：生活在海水中，体表常覆盖鳞，用鳃呼吸，通过尾部和躯干部的摆动以及鳍的协调作用游泳。

许多海洋生物名字中有"鱼"字。写出下列各图中生物的名称。哪张图展示的才是真正的鱼类？其他图示生物又属于什么类群？

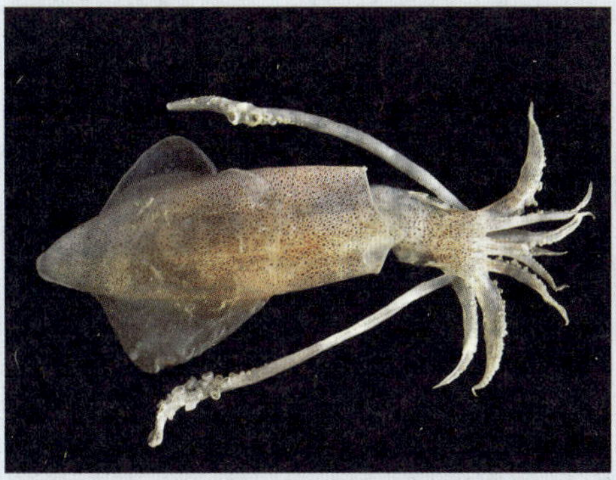

（　　）　　　　　　　　（　　）

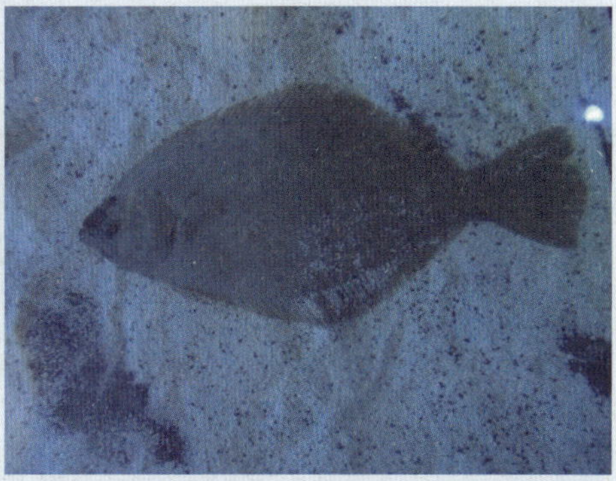

（　　）　　　　　　　　（　　）

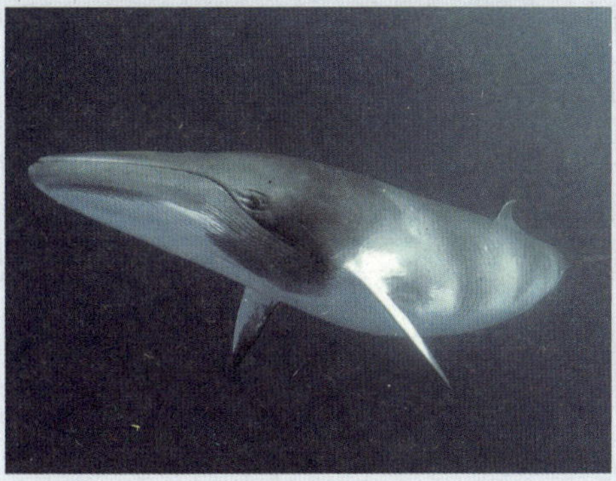

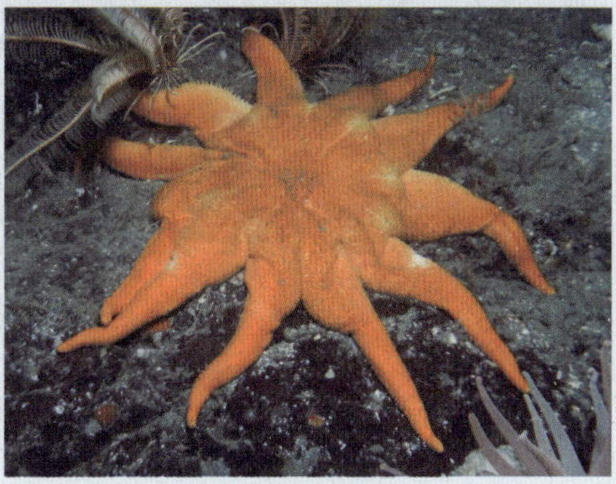

我国海域辽阔。江河入海，带来陆地上的大量营养盐，使浅海水质肥沃，浮游生物繁盛，鱼类种类丰富，数量巨大，形成了不少优良的渔

场。我国"四大海产"指大黄鱼、小黄鱼、带鱼和墨鱼（乌贼），只有前3种属于真正的鱼类。俗称鲅鱼的蓝点马鲛，也是青岛等沿海地区人们喜食的海鲜。

 白鲸遨游

海洋鱼类之"最"

游泳最快的鱼——旗鱼

产卵量最大的鱼——翻车鱼

洄游距离最长的鱼——欧洲鳗鲡

体型最大的鱼——鲸鲨

想一想，查一查：你还知道哪些海洋鱼类之"最"？

二、海中"霸主"——鲨鱼

根据骨骼成分的不同，可以将鱼类大致划分为软骨鱼和硬骨鱼两大类。鲨鱼属于软骨鱼，骨骼系统由软骨组成，鳃裂5～7对；体表覆有盾鳞；口中牙齿多；尾部侧扁，歪尾型；体内受精；多数为卵胎生，少数

为卵生，还有些为假胎生。大部分的鲨鱼栖息于海洋，也有一些鲨鱼能在淡水生活。

鲨鱼的体型不一。世界上最小的鲨鱼是侏儒额斑乌鲨。世界上最大的鲨鱼是鲸鲨。不是所有的鲨鱼都暴虐成性。鲸鲨为滤食性动物，以水中的浮游生物、小型鱼类和头足类为食。

 飞鱼冲浪

请你仔细观察，发挥想象力，试着将图片中的鲨鱼和它的名称连一连吧。

侏儒额斑乌鲨

长尾鲨

锯鲨

双髻鲨

鲨鱼嗅觉灵敏，它们能嗅出数百米外的海水中浓度极低的血液的气味。它们还具有特殊的电感受器——罗伦氏壶腹，可感受水中微弱的电刺激。

白鲸遨游

没有鳔的鲨鱼

我们知道，多数鱼的体内有鳔，内含氮气、氧气和二氧化碳等气体。通过改变鱼鳔内的气体量，鱼可以调节身体的密度，悬浮在限定水层中。而鲨鱼体内并没有这一结构，静止时便会沉到底部，正如我们经常在水族馆中看到的那样。

公牛真鲨

看起来笨重的鲨鱼在遇到猎物时，立刻化身"魔鬼杀手"。你知道没有鳔的鲨鱼是如何精准无误地完成捕猎动作的吗？

传统观念认为鲨鱼鳍（可加工制成鱼翅）的营养价值非常高。然而实际上，鱼翅虽然蛋白质含量高，但是必需氨基酸含量远低于常食用的鱼肉中的含量，并非优质蛋白源。近年来，随着科学的发展和人们保护意识的提高，捕杀鲨鱼的行为得到一定控制。

 **精灵拾贝**

（1）海洋鱼类的主要特征如下：生活在海水中，体表常覆盖鳞，用鳃呼吸，通过尾部和躯干部的摆动以及鳍的协调作用游泳。

（2）鲨鱼，骨骼系统由软骨组成，鳃裂5~7对；体表覆有盾鳞；口中牙齿多；尾部侧扁，歪尾型；体内受精；多数为卵胎生，少数为卵生，还有些为假胎生。

 **海星闪闪**

身怀绝技的鱼儿

弹涂鱼

弹涂鱼体长10厘米左右，略侧扁。两眼背侧位，突出于头顶，视野开阔。它们的鳃腔很大，鳃盖密封，能贮存大量空气。鳃腔内表皮布满血管网，起呼吸作用。它们的皮肤布满血管，血液通过极薄的皮肤，能够直接与空气进行气体交换。遇到敌害时，它们的行动速度比人走路还要快。弹涂鱼在低潮时为了捕捉食物，常在海滩上跳来跳去，也会爬到红树的根上捕食昆虫。因此，弹涂鱼被称为"会爬树的鱼"。

电鳐头部腹面左右两侧各有一个卵形的蜂窝状的发电器官，其基本单位是由特殊的肌肉细胞构成的"电池板"。电鳐放电电压为8~220伏特。捕食时，电鳐会放电把猎物击昏，因此有"海底电击手"之称。

大西洋电鳐

在无光层生活的诸多鱼自身具备发光的本领，方便捕食和寻找配偶。有些鱼发光靠的是体内共生的发光细菌，如角鮟鱇；更多的鱼具有发光器官，如灯笼鱼目的种类。

斑点灯笼鱼

许多鱼会发出各种令人惊奇的声音。例如，箱鲀能发出犬吠声，鲂鮄发出的声音有时像猪叫，海马会发出打鼓似的单调音。石首鱼类以集群发声而闻名，且其发声具有明显的季节节律和昼夜节律，以生殖期间常见。多数鱼通过骨骼、鳍棘、齿等身体坚硬部位摩擦，以及鳔和其附属肌肉振动发声；还有的是靠呼吸发声。有经验的渔民，能够根据鱼所发出声音的大小来判断鱼数量的多少，以便下网捕鱼。

大黄鱼

海　马

第八节 憨态可掬的海洋哺乳动物

 海燕领航

海豹，有着大大的眼睛，长长的胡须，圆滚滚的身体，非常可爱。海豹行动是否如外表显示的那样笨拙呢？海豹又属于哪一类动物呢？

海 豹

 蓝色彼岸

通过本节学习，你将知道：
○ 海洋哺乳动物的基本特征。
○ 海豹的形态和习性。

一、海洋哺乳动物总览

海洋哺乳动物又称为海兽，是海洋生物中演化等级最高的类群。海洋哺乳动物同时具有陆生哺乳动物及水生动物的特征。它们的基本特征如下：胎生，哺乳，以肺呼吸，体温恒定，身体流线型，前肢特化为鳍。

 飞鱼冲浪

图中所示的可都是海洋哺乳动物呢！你知道它们各自的名称吗？

（　　）　　　　　　（　　）

（　　）　　　　　　（　　）

现存的海洋哺乳动物大致分为以下几类：以鲸为代表的鲸次目，以海豹、海狮、海象为代表的鳍足亚目，以海牛、儒艮为代表的海牛目，以及食肉目的海獭和北极熊。不过，海獭和北极熊形态上保留的陆生哺乳动物的特征更多一些。

"美人鱼"儒艮

 白鲸遨游

擅长潜水和游泳的海洋哺乳动物

别看海豹、海象等海洋哺乳动物在岸上行动笨拙，它们在水中可是异常敏捷。而且，海洋动物还擅长潜水！比如，南极海域中的威德尔海豹能潜到600多米深，持续约1小时；抹香鲸的最高下潜深度超过2 000米，且能潜在水下长达1个多小时！

经过长期演化，海洋哺乳动物完全适应了海洋环境，像大多数鱼类一样成为游泳高手。仔细观察图片，你能发现它们有哪些适于游泳的特征？

海洋哺乳动物代表——海豹

海洋鱼类代表——鲨鱼

随着研究的深入，人类对海洋哺乳动物的潜水能力、游泳速度、回声定位和发达的智力产生了浓厚兴趣。你知道科学家向海洋哺乳动物学习，开发了哪些新型装备，应用在哪些领域吗？

二、圆滚滚的"卖萌"高手——海豹

海豹大多生活在极地、副极地和温带区域，主要以鱼类、甲壳动物和头足动物等为食。北大西洋、北太平洋、南大洋中分布有大量海豹。

 飞鱼冲浪

海豹的种类繁多，外貌上各有特点。请你仔细观察，发挥想象力，试着将图片中的海豹和它的名称连一连吧。

斑海豹

髯海豹

僧海豹

冠海豹

与鲸次目和海牛目的全水栖生活不同，海豹产仔、哺乳、休息和换毛都需要到冰上、沙滩或岩礁上进行，属于半水生生物。海豹上岸时多选择海水涨潮能淹没的内湾沙洲和岸边的岩礁。例如，在我国的辽宁盘

山河口及山东庙岛群岛等地都屡见有大群海豹出没。

有些海豹实行"一夫多妻"制，如港海豹、僧海豹；也有海豹为一雌一雄型，如斑海豹。

幼年海豹

成年海豹

 白鲸遨游

海狮、海豹大不同

海狮和海豹的模样差不多，分辨二者的一个简单方法就是看有没有外耳。海狮有一对小巧的外耳；海豹只有耳洞，无外耳。

有小巧外耳的海狮

无外耳的海豹

表演顶球的海狮　　　　　　　　与潜水员合影的海豹

海狮与海豹在外形上还有其他差异，你发现了吗？快跟同伴们分享一下吧！

海豹体形圆滚滚的，有着黑亮的大眼睛，长长的胡须，自然上扬的嘴角，打个哈欠都像在咧嘴笑。海豹生性温顺，好奇心强。海豹，真可谓人见人爱的"卖萌"高手呀！

（1）海洋哺乳动物的基本特征：胎生，哺乳，以肺呼吸，体温恒定，身体流线型，前肢特化为鳍。

（2）海豹大多生活在极地、副极地和温带区域，主要以鱼类、甲壳动物和头足动物为食。

 海星闪闪

国际海豹日

海豹种类不同,繁殖月份不尽相同。近年来,随着温室效应的加剧,冰层变薄,供它们生活的区域越来越小。许多母海豹难以如期生产,一些出生不足12天的小海豹,过早地跌进冰海而夭折。海豹被迫向北极海域的冰面迁移。地球气候变暖是海豹面临的一场灾难。

海豹皮坚韧,可以用来制作衣服、鞋、帽等。正因为如此,海豹惨遭大量捕杀。

全球变暖、海水污染、人为捕杀等因素,严重威胁着海豹的生存。为了保护海豹,拯救海豹基金会自1983年开始将每年的3月1日定为国际海豹日。

惨遭杀戮的海豹

国际海豹日海报

让我们好好保护这群生物吧!

我们一起去赶海

我们一起去赶海

一、活动目的

赶海,就是根据潮汐规律,赶在潮落的时机,到潮间带打捞或采集海产品的过程。潮间带,是指平均最高潮位和平均最低潮位间的地带,也就是从海水涨至最高时所淹没的地方开始至潮水退到最低时露出水面的范围。潮间带生物多样性较高,是了解海洋生物、亲近海洋的绝佳场所。

二、活动目标

(1)初步认识潮间带生物种类,观察相关生物的形态特征,了解其生活习性。

(2)了解潮间带生态环境,理解生物和环境的相互关系。

三、活动前期准备

（1）选择安全的赶海地点，提前了解赶海地点的底质类型等生态环境、可能栖息的生物类群及各类生物的形态特征。

（2）了解潮汐规律，确定适宜的赶海时间。潮汐是指海水在天体（主要是月球与太阳）引潮力的作用下所产生的铅直方向上的周期性的涨落运动。

对于地球上任何一个地点，相邻两次面对月球的时间间隔称为太阴日，约为24小时50分。在一个太阴日内，发生1次高潮和1次低潮的海区称为全日潮海区，发生2次高潮和2次低潮的称为半日潮海区。大多数海区为半日潮海区。

阴历每个月月初（朔）和中旬（望）附近，当太阳、月球与地球呈一直线时，潮差出现极大值，称为天文大潮或朔望潮。地球、月球、太阳形成直角，潮差达极小值，称为小潮或方照潮。大潮时，裸露的海滩更广。赶海要趁退潮时去，且大潮时比小潮时更值得去。某海区的潮汐情况可通过上网查询或一些计算潮时的手机应用程序获得。

（3）分成小组，选出组长。组长协调，小组成员分工，分别负责采集、记录、拍照等工作。

（4）准备好小桶、耙子、铲子、小网、水靴、观察盒等赶海工具，笔、笔记本、相机等拍照记录工具；另需准备防晒用品等。

四、活动实施

（1）集合：活动成员集体乘车到达预定赶海地点集合。

（2）以小组为单位，小组成员集体行动、分工合作，调查赶海地点的生态环境、海洋生物种类，采集适量有代表性的标本，做好记录。

（3）完成"赶海活动记录表"。

五、注意事项

（1）以小组为单位活动，不得擅自离开小组单独活动。

（2）做好防晒措施。

（3）赶海时注意安全，勿奔跑嬉戏，勿去水深处。礁石区有牡蛎、藤壶着生，应小心谨慎，避免滑到或划伤。

（4）生物的采集应适量，不得采集受保护物种。

（5）注意恢复因采集海洋生物而改变的环境。比如，如果翻开了一些大的或是分布有诸多生物的石块，记得将其回归原样。

（6）不得破坏环境。

六、讨论与交流

每个小组，根据调查记录，进行主题汇报，介绍赶海收获。

赶海活动记录表

学校		班级		调查时间	
调查地点		调查人员			
一、调查记录 用自己喜欢的形式（表格、文字）记录海洋生物的名称、栖息环境、形态特征、个体数量等信息。可以附上相关海洋生物的照片哦。					
二、总结赶海活动的经验教训					
三、记录赶海活动后的感想					

第三章

资源宝库

随着全球人口的不断增长和耕地的逐渐减少，资源问题日渐突出。不少科学家把解决这一问题的希望寄托于占据地球表面积约71%的海洋。浩瀚的海洋是人类的资源宝库。21世纪是海洋经济时代。越来越多的国家已经把海洋资源的开发列为重要课题。

第一节　海洋生物资源开发利用

你知道吗？海洋被称为"蓝色粮仓"。在不破坏海洋生态平衡的前提下，海洋每年可以提供30亿吨海产品。

这么丰富的海洋生物资源，人类应如何合理地开发利用呢？

"蓝色粮仓"

通过本节学习，你将知道：
○ 海洋生物资源的分布情况。
○ 人类开发利用海洋生物资源的基本进程。

一、海洋生物资源分布

海洋生物资源，是有生命、能自行增殖和不断更新的海洋资源，主要指海洋中的经济动物和植物等。其特点是通过生物个体的生长、繁殖，种群得以不断补充并通过一定的自动调节能力达到数量相对稳定，资源因而得以不断更新。

大陆架海域的海洋生物资源十分丰富。所谓大陆架海域，就是从海岸线延伸到水下大约200米深的部分。这里光照条件好，海水运动强烈，营养盐丰富，浮游生物繁盛，吸引大量鱼类等海洋动物来此觅食。

一般来说，温带地区季节变化显著，冬季表层海水和底部海水发生交换时，底部海水中丰富的营养盐被带到表层。另外，寒流、暖流交汇或有冷海水上泛的区域，饵料都比较丰富。这些地方可形成天然的渔场。因此，尽管大陆架海域面积只占海洋总面积的7.5%，渔获量却占世界海洋总渔获量的90%以上。

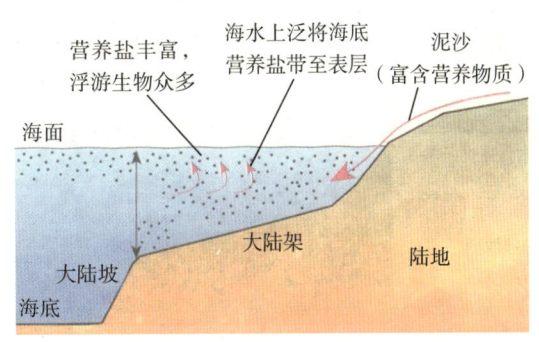

大陆架剖面示意

世界四大渔场

（1）写一写：请写出世界四大渔场的名称。

（2）想一想：请借助下图分析世界四大渔场形成的原因。

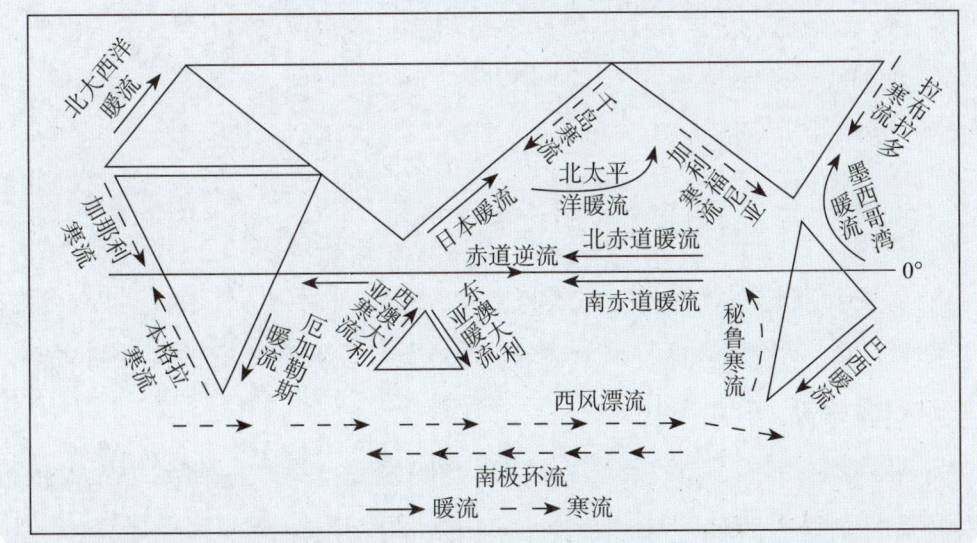

 白鲸遨游

我国四大渔场

舟山渔场，是我国最大的渔场，位于东海，岛屿众多，是浙江省、江苏省、福建省和上海市渔民的传统作业区域，水产资源丰富，以大黄鱼、小黄鱼、带鱼、蓝点马鲛和乌贼为主要渔获对象。

舟山渔场

黄渤海渔场水深在100米以内。黄河、辽河、海河、滦河和鸭绿江等河流，夹带大量泥沙和营养盐流入该海域，使得此处饵料充足，水产资源丰富。主要渔获对象有大黄鱼、小黄鱼、带鱼、蓝点马鲛、乌贼、对虾、毛虾等。

南海沿岸渔场是我国主要的热带渔场，是捕捞金枪鱼、鲣鱼、飞鱼、石斑鱼、海参、珍珠贝等的重要渔场。

北部湾渔场位于我国南海的西北部，是一个半封闭的大海湾，盛产鲷鱼、金枪鱼、沙丁鱼、比目鱼、鲳鱼、鲭鱼等。

找一找：青岛海域属于哪个渔场？

二、海洋生物资源开发利用进程

人类开发利用海洋生物资源的活动已有数千年历史，大体可以分为3个阶段：原始资源利用阶段、传统资源开发阶段和现代资源开发阶段。

1. 原始资源利用阶段

早在原始社会，海洋就是人类食物的来源。这一时期在历史上被称为渔猎时期。人类徒手或使用网、钩或利用船筏捕捞，为捕猎型渔业。

鱼类极易腐败。为保证渔获物新鲜，这种捕鱼活动局限于沿岸区域。

2. 传统资源开发阶段

随着人类社会的发展、船舶的大型化、航海技术的精进，人类能够远渡重洋。这影响了渔业活动的广度和深度。船上冷冻技术与设备的开发使得渔船可以长期停留在海上捕鱼，并可开往更远的渔场作业。大型流刺网捕鱼技术以及围网、拖网捕捞使得渔具大型化，渔获量大幅度增加。另外，大型围网渔船除了现代化的航海设备、探鱼仪器之外，有的还配备有直升机，可以从空中追寻快速洄游的鱼群。

白鲸遨游

可持续渔业

从1982年起，世界渔业发展已由以往追求增产、增值的猎捕型渔业，转为重视资源保护和管理的可持续发展的渔业。美国可持续海洋渔业生态管理委员会（CEMSMF）对可持续渔业的定义如下："可持续渔业是捕捞活动不至于导致代际间生物与经济生产力、生物多样性或生态系统结构与功能的非意愿变化的渔业。"可持续渔业是以对生态环境的保护与恢复为基础，变渔业经济的常规发展为持续发展，把渔业环境保护和经济活动紧密结合起来，兼顾眼前利益和长远利益，使环境与发展相协调。可持续渔业是对渔业资源进行深层次合理开发利用，在最大限度地满足人们对水产品日益增长的消费需求的同时，能够提高生态系统的自我恢复能力和资源利用率，改善生态环境，维护生态平衡，实现代内公平与代际公平。

想一想：可持续渔业的发展对于海洋生物资源的利用开发有什么意义？

3. 现代资源开发阶段

现代资源开发阶段是指传统海洋产业发展成熟，而海洋石油开发等新兴海洋产业大规模兴起的阶段。同时，卫星遥测、电脑技术、声波技术等的应用，促进了海洋生物资源开发的深度和广度的进一步发展。

请你查找2005年以来历年世界海洋总渔获量，分析世界海洋总渔获量的变化趋势。

渔 船

在不破坏海洋生态平衡的情况下，海洋能够可持续地为人类提供丰富的食物。人类真的应该好好对待这个"蓝色粮仓"。

（1）海洋生物资源主要集中在大陆架海域。

（2）人类开发利用海洋生物资源的活动已有数千年历史，大体可以分为3个阶段：原始资源利用阶段、传统资源开发阶段和现代资源开发阶段。

海星闪闪

全球最大深海渔场"青岛造"

2017年6月3日，由中国船舶重工集团所属武昌船舶重工有限公司总承包的挪威海上智能渔业养殖平台项目——"海洋渔场1号"在青岛顺利交付。

"海洋渔场1号"集挪威先进养殖技术、现代化环保养殖理念和世界高

"海洋渔场1号"

端海工设计建造技术于一身，是目前世界上规模最大的、自动化程度最高的半潜式智能海上"渔场"。"海洋渔场1号"总高69米、直径110米。"海洋渔场1号"配备了全球最先进的三文鱼智能养殖系统、自动化保障系统、高端深海运营管理系统等，安装各类传感器2万余个、水下水上监控设备100余个、生物光源100余个，使复杂的养殖过程控制变得更简单和准确。只需要3到7人即可操控该平台，一年养鱼可达150万条，且死亡率低于2%。

作为世界上首个现代化、全自动智能海上养殖装备研发项目，"海洋渔场1号"在研发、建造过程中完成了一系列重大技术创新，填补了国内海工行业的多项科研和施工空白，是海上养殖的"划时代"装备，将在海产养殖行业引领技术革命、促成产业飞跃，推动渔业养殖从近海养殖向深海养殖加速转变，从网箱式养殖向大型装备式养殖加速转变，从传统人工式养殖向自动化、智能化养殖加速转变。

第二节 海洋猎场和海洋牧场

 海燕领航

通常，人们在适于狩猎动物栖息的山林或草原，划出一定范围，采取一系列经营措施，可以进行狩猎活动。这样一片区域被称为"猎场"。而以畜牧养殖为主，经营各种畜牧产品的区域，则叫作牧场。

海洋中也有猎场和牧场吗？

传统牧场

 蓝色彼岸

通过本节学习，你将知道：
◎ 我国海洋捕捞业的发展状况。
◎ 我国海水养殖业发展的5次浪潮。

一、海洋捕捞业

海洋生物中有不少是经济生物。采捕海洋经济生物的生产事业就是海洋捕捞业，是传统海洋产业。20世纪70年代起，我国制定了"以养为

主"的水产方针，海水养殖、增殖业得到了发展。经近几十年的发展，我国已由海洋猎捕、采集向开发海洋农牧场方向迈出了坚实的脚步。

我国是海洋大国，海洋捕捞业历史悠久，但长期以来捕捞装备落后。20世纪60年代起，我国捕捞装备不断改良、更新，由木帆船、风帆船向机帆渔船、钢壳渔轮发展，由20马力小渔船向600马力的渔轮发展，由棉线网向尼龙网发展。网具的改造，加上拖网、围网、流网、钓等多种作业方式的联合使用，拓宽了生产领域，可以捕捞不同水层的生物，还能释放生物幼体，有利于资源保护。同时，在资源调查的基础上，我国采取先进的导航、探鱼设备，实行科学捕捞，提高了渔获物质量，有利于捕捞业的可持续发展。随着捕捞技术的进步，收获的水产品种类也更为丰富。

渔民在忙着收网

我国劳动人民具有丰富的创造力，开发出多种多样的捕鱼工具。以下图片中，哪些是人们曾使用过的捕鱼工具？

木棒　　　　弓箭　　　　叉子

| 风筝 | 竹筒 | 椰子壳 |

| 网笼 | 飞镖 |

白鲸遨游

《中华人民共和国渔业法》部分规定

《中华人民共和国渔业法》第30条规定，禁止使用炸鱼、毒鱼、电鱼等破坏渔业资源的方法进行捕捞。禁止制造、销售、使用禁用的渔具。禁止在禁渔区、禁渔期进行捕捞。禁止使用小于最小网目尺寸的网具进行捕捞。捕捞的渔获物中幼鱼不得超过规定的比例。在禁渔区或者禁渔期内禁止销售非法捕捞的渔获物。

想一想：采取以上措施的意义是什么？

《中华人民共和国渔业法》

我国远洋渔业自1985年起步以来，持续较快发展，装备水平和整体实力显著提升，作业海域涉及42个国家（地区）的管辖海域和太平洋、印度洋、大西洋公海以及南极海域。远洋渔获物除当地销售一部分外，其余运回国内销售，极大地丰富了国内市场。

二、海水养殖业

海水养殖业是海洋渔业中的新兴产业，是在海水中由人工控制繁殖和饲养具有经济价值的海洋生物的产业。

我国海水养殖业的发展经历了5次浪潮。第1次为海洋藻类养殖浪潮，第2次为海洋虾类养殖浪潮，第3次是海洋贝类养殖热潮，第4次为海洋鱼类养殖浪潮，第5次为海珍品养殖浪潮。

 白鲸遨游

青岛海水养殖

青岛海域港湾众多，岸线曲折，滩涂广阔，海洋生物资源丰富。胶州湾、崂山湾及丁字湾口水域营养盐、异养菌和有机物含量较高。尤其是胶州湾一带泥沙底质岸段，是发展贝类、藻类养殖的优良海域。

贝类海水养殖

查一查：青岛海水养殖产业的现状如何？

然而，传统的粗放型增养殖业生产方式使海域生态受损、资源衰退。人们需要一种能够在保护生态、涵养资源的同时，持续健康发展海

洋渔业的生产方式。海洋牧场就是这样一种新型的海洋渔业生产方式。

海洋牧场是在特定的海域内，应用海洋生物技术和现代化管理技术而建立的，以增殖海洋生物资源为目的，从而使人类获得食物蛋白质和药品的产业基地。

 飞鱼冲浪

在日本广岛南面的一个海湾，渔民在以往捕不到鱼的地方偶然捕到很多鱼。人们发现原来是沉在海里的军舰吸引了鱼类等海洋生物来此生息。受这件事情的启发，人们对结构复杂、多孔隙的废旧的钢铁船舶、车辆等进行适当处理，将其投往海里，同样吸引了众多鱼。这类用于修复和优化海域生态环境，建设海洋生物生息场的人工设施，称为人工鱼礁。

人工鱼礁

画一画：请你发挥想象力设计一座人工鱼礁，并绘制出其周围的生态场景。

海洋牧场作为一种生态友好型的渔业生产方式，近年来得以快速发展。目前，全国海洋牧场建设初具规模，经济效益、生态效益和社会效益日益显著，得到了社会各界的一致认可。

 精灵拾贝

（1）海洋捕捞业是采捕海洋经济生物的生产事业，是传统海洋产业。

（2）海水养殖业是海洋渔业中的新兴产业，是在海水中由人工控制繁殖和饲养具有经济价值的海洋生物的产业。

 海星闪闪

世界上第一个海洋牧场——日本黑潮海洋牧场

海洋牧场的构想最早由日本在1971年提出。1973年，日本又在冲绳国际海洋博览会上提出，为了人类的生存，在人类的管理下，谋求海洋资源的可持续利用与协调发展。1978年至1987年，日本逐步在

海洋牧场

全国范围内全面推进"海洋牧场"计划，并建成了世界上第一个海洋牧场——日本黑潮牧场。日本水产厅还制订了"海洋牧场"长远发展规划，其核心是利用现代生物工程等先进技术，在近海建立"海洋牧场"，通过人工增殖放流和吸引自然鱼群等，使得海洋中的鱼群也能像草原里的羊群那样，随时处于可管理状态。

1991年，日本政府海洋牧场的预算达到48.6亿日元，放流的渔业品种达94种，放流规模百万尾以上的种类超过30种。经过几十年的努力，日本沿岸20%的海床已建成人工鱼礁区，2003年北海道地区秋季大麻哈鱼的捕捞量猛增到5500吨。

第三节 海洋美味食品

中国有着广袤的"蓝色疆土",物产丰富。大海,养育了傍海而居的人们,为人们源源不断地提供生存所需的食物。海洋食品有哪些营养价值?

海洋美食

通过本节学习,你将知道:
○ 海洋食品的营养价值。
○ 青岛的特色美食。

一、海洋食品资源

我国海域辽阔,海岸线漫长,海洋生物资源极为丰富。丰富的海洋生物资源成为我国海洋食品业发展的重要物质基础。

1. 海洋天然食品

海洋天然食品主要包括海藻和海洋动物。

海藻是生长在海中的藻类，如绿藻中的石莼（俗名海白菜）、浒苔（俗名苔菜）等，褐藻中的海带、裙带菜等，红藻中的紫菜、仙菜、角叉菜等。

海洋动物食品种类繁多。腔肠动物如海蜇等，软体动物类中的扇贝、牡蛎、文蛤、泥螺、墨鱼、鱿鱼、章鱼等，节肢动物中的对虾、龙虾、梭子蟹等，软骨鱼中的鳐等，硬骨鱼中的沙丁鱼、海鳗、鳕鱼等，都是我们餐桌上的美味。

你能说出以下生活中常见海藻的名称吗？

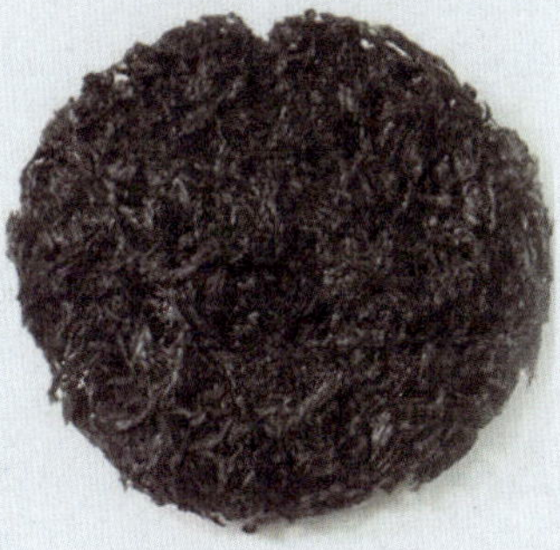

（　　）

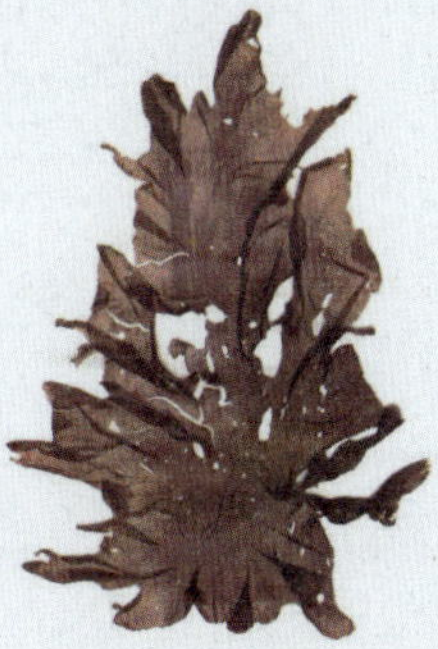

（　　）

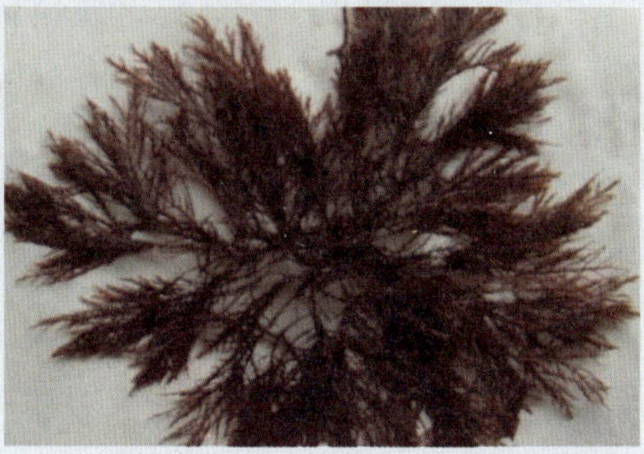

（　　）

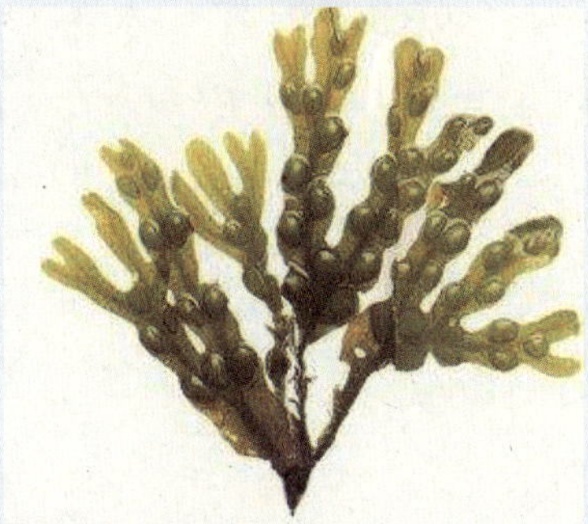

（　　）

2.海洋食品的营养价值

海藻含有丰富的营养成分及特殊的生理活性物质，具有广阔的应用前景。

海藻具有如下作用。

抗癌作用。多糖是海藻的主要成分之一。研究表明，岩藻聚糖、硫酸多糖等这些存在于海藻而不存在于陆地植物的特殊多糖对癌症有明显的抑制作用。

降血糖、降血脂、降血压的作用。有关海带这方面的研究较多，海带膳食纤维、海带多糖、褐藻胶、褐藻糖胶等在其中发挥了重要作用。

补充无机盐的作用。海藻中无机盐含量高。例如，海带中含有碘、钙、磷、铁、硒、镁等十几种元素。海带中碘的含量高，且以可溶于水的碘化物的形式存在。经常食用海带可防治甲状腺肿。此外，碘是人体合成甲状腺素的原料，而甲状腺素为人脑发育所必需。

此外，研究表明，海藻中的某些生物活性成分还有免疫调节、抗疲劳、延缓衰老等作用。

海洋动物食品含有丰富的蛋白质、脂肪、无机盐和维生素等营养成分。

蛋白质是生物组织的重要组成部分，在人体的生长、发育、免疫、遗传等各种生理过程中都起着极其重要的作用。大多数鱼、虾、贝类的肌肉中，蛋白质占80%~90%（干重），所含氨基酸种类齐全，易被人体消化吸收。

海洋动物体内含有人体必需的不饱和脂肪酸，特别是二十二碳六烯酸（DHA）和二十碳五烯酸（EPA）。DHA俗称脑黄金，具有改善大脑功能、保健视力的功效，越来越被人们重视。EPA被誉为"血管清道夫"，具有调节血脂、软化血管、预防动脉硬化等的功效。

海洋动物体内一般都含有多种维生素，尤其是脂溶性维生素A、维生素D和维生素E。鱼肝中维生素A和维生素D含量高，远远超过畜禽肉。海洋动物体内还含有多种无机盐，如碘、钙、磷、铁、锌、铜、硒、锰、镁等。

 白鲸遨游

海鱼比淡水鱼更有营养吗?

常见的淡水鱼有鲤鱼、鲫鱼、草鱼、鲢鱼、武昌鱼、罗非鱼、鳝鱼等。常见的海鱼有带鱼、鲳鱼、大黄鱼、小黄鱼、鲅鱼、大西洋鲑、大菱鲆等。

不管是淡水鱼还是海鱼,其营养成分大体相同,营养价值均很高。首先,鱼肉中蛋白质含量高,其中所含必需氨基酸的比例较高,氨基酸配比合理,是人类摄入蛋白质的良好来源。其次,鱼肉中脂肪含量较低,而且多由不饱和脂肪酸组成,人体吸收率可达95%。不饱和脂肪酸有降低胆固醇、预防心脑血管疾病的作用。再次,鱼肉中含有丰富的无机盐,如铁、磷、钙等;鱼的肝脏中则含有大量维生素A和维生素D。另外,鱼肉肌纤维很短,水分含量较高,因此肉质细嫩,比畜禽的肉更易于咀嚼。

海鱼中无机盐和维生素含量更高。此外,海鱼的油脂含有较多的DHA和EPA。

想一想:我们应该怎样做到合理膳食,保证营养均衡?

二、青岛美食

在青岛,这些海鲜美食不可错过!

辣炒蛤蜊:青岛家喻户晓的名菜之一,街头巷尾也常见它的身影。此菜肴经济实惠,鲜辣爽口。

油焖大虾:经典的鲁菜特色菜品之一。细嫩的虾肉油润适口,鲜、香、甜、咸4种味道相辅相成。

辣炒蛤蜊

油焖大虾

海鲜小豆腐：海参、虾仁、鱿鱼、蛤蜊等海鲜，配上葱花、豆腐，这样炒成的菜肴口味鲜香而不油腻。

青岛凉粉：以石花菜为原料制作而成，是清凉消暑的可口小吃。

海鲜小豆腐

青岛凉粉

肉末海参：海参因"其性温补，足敌人参"而被列为"海八珍"之一。肉末与海参搭配，肉末的香和海参的鲜互相衬托，互为补充。

黄鱼炖豆腐：青岛常见的菜品。鱼肉鲜嫩、细腻；豆腐吸收了鱼的鲜味，软滑可口。

肉末海参

黄鱼炖豆腐

三鲜锅贴：青岛的特色美食，外皮酥香，配料巧妙，营养丰富。

大虾烧白菜：鲁菜中的一道著名菜品，荤素搭配。白菜吸收了大虾的汤汁，鲜美无比。

三鲜锅贴　　　　　　　　　　　　大虾烧白菜

油爆海螺：螺肉丰腴细腻，素有"盘中明珠"的美誉。

红烧鲍鱼：鲍鱼被誉为"餐桌上的软黄金"，味道鲜美；再浇以芡汁，此菜品油亮、诱人。

油爆海螺　　　　　　　　　　　　红烧鲍鱼

酸辣鱼丸：新鲜鱼肉制成的鱼丸富有弹性，配以酸辣浓汤，鲜味浓厚，酸辣开胃，口感极佳。

酸辣鱼丸

 飞鱼冲浪

制作青岛凉粉的石花菜属于红藻、绿藻还是褐藻？

石花菜

 白鲸遨游

青岛特色美食街

登州路啤酒街。登州路啤酒街建筑都是欧式风格，道路两边的门店装饰也与整条街融为一体，既是一条美食长廊又是一条休闲旅游走廊。特色啤酒吧、啤酒博物馆等休闲场所充分突出了青岛啤酒街浓郁的文化特色，展现了啤酒文化的独特魅力。

德国风情街。德国风情街上有主题雕塑、欧式水景、铁艺栏杆等景观元素，还有德国特色的美食。

台东商业步行街。老青岛人都知道"朝观壁画夜赏灯，吃喝玩乐在台东"。这是整个青岛人气最旺的一条特色街。

劈柴院美食街。劈柴院离青岛火车站很近，呈"人"字形排布。狭窄的街坊里，各式店铺鳞次栉比，各种小吃琳琅满目，香气弥漫，吆喝声、欢笑声此起彼伏。这里有在青岛很出名的沧口锅贴。

海云庵小吃街。海云庵小吃街位于嘉禾路海云广场到糖球广场之间，面积不是很大。每年春节过后的糖球会期间，这里会聚集大约300家经营特色小吃的商户，风味小吃和手工艺品应有尽有，还有茂

腔、柳腔、皮影、杂耍、剪纸、年画、秧歌大赛、锣鼓大赛等丰富多彩的民间艺术活动。

云霄路美食街。闽江路-云霄路美食街由闽江路和云霄路两条美食街组成。无论白天夜晚，美食街周围总是车水马龙、人流如织。尤其到了中午及黄昏的用餐时间，连绵数里的街区，车流如潮，人头攒动；店内街畔，飘香流彩，气氛诱人。

泰山路烧烤街。"吃烧烤到泰山路烧烤街。"这句话在青岛广为流传。这里的烧烤经济实惠，是体验青岛烧烤美食的好去处。

写一写：为你印象最深刻的一条美食街写篇宣传文章吧。

（1）海洋食品营养价值高。
（2）青岛美食种类繁多，传统美食源远流长。

《小海鲜》美食纪录片

　　《小海鲜》是一部美食纪录片，主要展现了浙江三门的美食生态和人文魅力。全片制作精良，分"讨小海""烹小鲜"2集，共8个故事。摄制组历时1年多，走遍了三门的海岛村落、蟹田虾塘，用丰富的镜头记录了该县不同季节、不同种类的海鲜和百姓之间的动人故事。该纪录片从海鲜的获取、烹饪、享用等角度，用三门百姓聚散悲欢的故事，展示美食带来的欢乐和人们关于家庭、友谊、自然的观念。

第四节 海洋药物资源

 海燕领航

海洋药物是指以海洋生物为药源，运用现代科学方法和技术研制而成的药物。随着人类对海洋生物资源的调查、研究，新的海洋生物药源不断被发现，利用高新技术研制海洋新药已成为当今世界药物研发的热点。海洋药物对人类的健康生活有哪些影响？

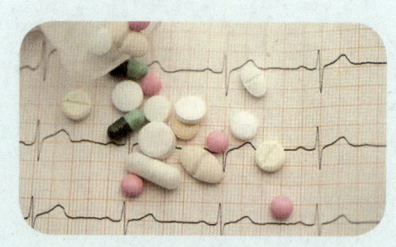
药

 蓝色彼岸

通过本节学习，你将知道：
○ 我国古代对海洋生物药用价值的认识。
○ 我国海洋药物研究的重要方向。
○ 海洋生物所具有的生物活性物质。

一、我国海洋药物研究发展概况

1. 我国海洋药物的研究发展历程

人类对海洋生物药用价值的认识可以追溯到几千年前。从我国最早的药学专著《神农本草经》、李时珍的《本草纲目》到清朝的《本草纲目拾遗》，历经2000多年，这些典籍详细记载的海洋药物有110余种，为海

洋药物研究提供了非常重要的基础信息。当代的《中华海洋本草》收录了海洋药物163味,涉及药用生物以及具有潜在药用开发价值的物种1479种。

以下是古代药学典籍对我国部分常见海洋生物的药用记述。

紫菜。据《本草纲目》记载,"紫菜生南海中,附石。正青色,取而干之则紫色","热气烦塞咽喉,煮汁饮之。病瘿瘤脚气者,宜食之"。

石莼。《重修政和经史证类备用本草》记载:"主风秘不通,五鬲气,并小便不利,脐下结气,宜煮汁饮之。胡人多用治耳疾。"

紫菜

石莼

海蜇。古代药学典籍记载,海蜇主治"妇人劳损、积血带下,小儿风疾丹毒、烫火伤",能够"补心益肺,滋咽化痰,去结核,行湿邪止咳除烦"。

海胆。明代《本草原始》记载,海胆可"治心疼"。

海蜇

海胆

鲍鱼。鲍鱼壳可入药,称为石决明。《名医别录》《胜金方》《本草纲目》《东医宝鉴》等古代药学典籍记载,鲍鱼有治疗"目障翳痛""小便五淋""肝肺风热"的功效,"久服,益精轻身"。

海参。《随息居饮食谱》记载:"(海参)滋肾阴、补血、健阳、润燥、调经、养胎、利产。"

鲍鱼

海参

螃蟹。全蟹鲜入药或取蟹壳晒干入药。《本草纲目》《神农本草经》等古代药学典籍记载,螃蟹可主治"胸中邪气,热结痛,涡僻面肿"。

带鱼。清代王士雄所著《随息居饮食谱》记载,带鱼可"暖胃,补虚,泽肤"。清代吴仪洛所撰《本草从新》认为,带鱼"补五脏,去风杀虫"。

三疣梭子蟹

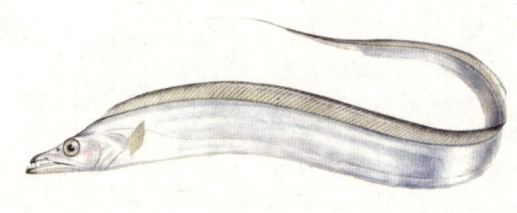
带鱼

乌贼。《随息居饮食谱》记载,乌贼可"疗口咸,滋肝肾,补血脉。理奇经,愈崩淋。利胎产,调经带,疗疝瘕",并认为乌贼内骨骼入药(中药名为海螵蛸)也有相似的功用。

乌贼

我国应用海洋生物防治疾病的历史悠久，积累了很多宝贵的临床经验和可靠的文献资料。运用传统医药学的理论和经验指导，结合现代科学方法，是我国海洋药物研发的优势。另外，我国海域辽阔，海洋生物资源丰富，为研发海洋药物提供了重要的物质基础。

在1978年3月召开的全国科技大会上，青岛医学科学研究所所长关美君教授提出了"向海洋要药"的提案，被当时的国家科学技术委员会、卫生部采纳。此后，我国现代海洋药物研究快速发展起来。1979年卫生部召开了中国首次海洋药物座谈会之后，我国海洋药物的研究与开发基本上结束了民间的、分散的、缓慢的研发历史，开始纳入国家计划，进入了发展新时期，"向海洋要药"已经成为国内多所科研院所的重要研究方向。近年来，随着海洋生物技术的进步，特别是分子生物学和生物工程技术在海洋药物研究领域的应用，我国海洋药物的研发呈现出产业化、规模化、高效化的发展特征。

2. 我国海洋药物的研究方向

海洋中成药的研究。利用我国传统医药学的优势，对据中医药文献中记载可以药用、且经临床实践证明的确有疗效的海洋生物，应用现代的提取、分离、纯化技术，并配伍其他药物，按照国家新药审评的一系列要求进行研究开发。

现代海洋药物的研究。按照天然药物研究的思路和方法，利用现代药物研究技术，对海洋生物进行生物活性物质的筛选、提取、分离和结构改造，最终研制出疗效确切，并能以合成或半合成的方法生产的新药。

海洋生物工程技术产品的研究。海洋药物的研究与处于现代科技前沿的生物工程技术结合，是获取海洋生物活性物质行之有效的途径。

海洋保健品及生物卫生材料的研究。以海洋生物为原料，研制生产保健食品及实用的医药卫生材料制品，如具有延缓衰老、益智功能的保健食品，高效止血敷料，药用膜剂，人造皮肤，消毒剂，杀虫剂等。

 **飞鱼冲浪**

甲状腺功能亢进症简称"甲亢",是由于甲状腺合成释放过多的甲状腺激素,造成机体代谢亢进和交感神经兴奋,引起心悸、出汗、进食和便次增多和体重减少的病症。多数患者还常常同时有突眼、眼睑水肿、视力减退等症状。

想一想:甲亢病人可以吃紫菜吗?

 **白鲸遨游**

碘的提取

碘是国防、工业、农业、医药等部门和行业所依赖的重要原料。海洋水体碘的蕴藏量极高,某些海藻可以从周围海水中富集碘,如干海带中碘的含量一般为0.3%~0.5%,比海水中碘的浓度高10万倍。当前较为普遍的是以海藻为原料制碘。

海带制碘的方法步骤:

(1)将干海带用酒精润湿,不要用水洗。不用水洗是为了防止海带中的碘化物溶于水而损失。用酒精润湿是为了让海带充分燃烧。

(2)海带灼烧成灰,自然冷却。

(3)将海带灰转移到烧杯中,加入蒸馏水,搅拌,煮沸2~3分钟,使可溶物溶解;冷却。

(4)过滤后收集滤液,得到碘离子溶液。

(5)向滤液中通入氯气,经过化学反应获得含有碘单质的溶液。

(6)将氧化后的溶液转移到分液漏斗中,加入有机溶剂,充分振荡，静置。碘单质在有机溶剂中的溶解度比在水中大，所以碘集中溶解于下层的有机相。待溶液完全分层后，分液，提纯得到碘单质。

查一查：碘单质是制取碘液的重要材料。生物实验室常用的碘液是如何配置的？

二、药用海洋生物及其体内的生物活性物质

人类社会面临着"人口剧增、资源匮乏、环境恶化"三大问题的严峻挑战。由于陆生资源的日益匮乏和化学药物开发的难度及投入加大，世界各国对海洋药用生物资源的开发越来越重视。海洋生物的多样性以及海洋生物体内的生物活性物质化学结构的多样性高，海洋药物开发具有广阔的前景。

1. 海洋药物领域重点研究的海洋生物

海洋生态环境的特殊性导致了海洋药物的多样性。大部分海洋药物化学结构奇特，具有特殊的药理作用。海洋药物研究的主要生物类型包括以下几类：

（1）海藻，如海带、海人草、石花菜、螺旋藻、羊栖菜、鼠尾藻等。

（2）软体动物，如牡蛎、珍珠贝、章鱼、鲍鱼、蛤蜊等。

（3）节肢动物，如龙虾、对虾、寄居蟹等。

（4）棘皮动物，如海参、海胆、海星等。

（5）脊索动物，如海马、海龙、海鳗、带鱼等。

（6）腔肠动物，如珊瑚、海蜇等。

（7）微生物，如海洋细菌等。

随着研究的不断深入，涉及的药用海洋生物资源逐渐向远海、深海、极地等极端环境扩展。

2. 海洋生物活性物质的研究

海洋生物为了生存繁衍，在竞争中取胜并使自己适应极端海洋环

境，在漫长的演化中各自形成了特殊的结构和奇妙的生理功能，为人类提供了众多结构新颖、功能独特和生理活性很强的活性物质。探索药用海洋生物活性物质是当前研究的热点之一。

海洋生物活性物质主要包括以下几大类。

甾醇。甾醇是生物膜的重要组成部分，也是某些激素的前体。它们主要分布在硅藻、海绵动物、腔肠动物、软体动物、棘皮动物、被囊动物等海洋生物体内，尤以海绵动物中为多。

萜类。到目前为止，从海洋生物中分离得到的萜类已达千余种。海洋萜类主要来自海藻、海绵动物、腔肠动物和软体动物。

皂苷。许多陆地植物含有皂苷，属于棘皮动物的海参和海星中也含有皂苷。皂苷是它们的毒性成分。

多不饱和脂肪酸。多不饱和脂肪酸的代表是鱼油中的DHA和EPA。

聚醚类化合物。聚醚类化合物是海洋生物中的一类的天然毒素，具有广泛的药理活性。它们大多选择性作用于神经系统、消化系统、心血管系统。

大环内酯类。大环内酯类是海洋生物特别是海洋微生物中常见的一类化合物，主要分布在藻类、海绵动物、苔藓虫、软体动物和被囊动物中。大环内酯类具有很强的细胞毒性和抗菌活性。

多糖和糖苷。多糖和糖苷参与体内细胞各种生命现象的调节，能激活免疫细胞，提高机体免疫功能而对正常细胞无毒副作用。

生物碱。生物碱是来源于生物的一类含氮有机化合物。在海洋中，生物碱主要分布于海绵动物，其次为软体动物、藻类、被囊动物、腔肠动物和鱼类。其在抗病毒、抗炎和抗肿瘤等方面作用显著。

海洋生物活性物质的功能主要包括抗肿瘤、抗心血管疾病、抗病毒、抗菌、消炎、镇痛、神经保护、抗氧化等。

国际上已广泛投入临床应用的海洋药物有头孢霉素、阿糖腺苷、阿糖胞苷等。就总体而言，海洋生物活性物质的研究、开发还处于起步阶段，还有大量的海洋生物有待进行系统的化学成分研究和活性物质筛选。海洋天然生物活性物质往往具有复杂的化学结构而且含量极低，建立快速、微量的提取分离和结构测定方法以及应用多靶点的生物筛选技术发现新的生物活性物质是当前研究面临的挑战。

 飞鱼冲浪

绿潮是近几十年来在国内外频繁发生的大型海洋绿藻脱离固着基后漂浮并不断增殖、暴发性生长的有害生态异常现象，主要发生在河口、内湾、潟湖和城市密集的海岸。形成绿潮的海藻主要是石莼科绿藻，以石莼属海藻为主。

从合理利用资源的角度，想一想这些绿藻有哪些应用价值。

 白鲸遨游

海洋药物基因工程

海洋药物基因工程，即利用分离自海洋生物的有药用价值的基因或以规模化养殖的海洋生物作为表达受体进行遗传操作，从而大量获得高值廉价的药物。根据供体基因和表达受体的不同，可以分为3个方面：

（1）将海洋生物药物基因转入陆地生物中表达。将药物基因重组入适当的载体后，借鉴微生物基因工程、植物基因工程和动物基因工程的方法，可在陆地微生物、植物或动物中表达。

（2）将来自陆地生物的药物基因转入海洋生物中表达。某些海藻的养殖，如海带，已经形成大规模的产业，在产量上与某些高产的陆地作物相比也具有很大的优势。海洋生物可以作为来自陆地生物的药物基因的理想表达受体，生产人们所需要的药物。

（3）将海洋生物药物基因转入海水养殖生物中表达。将稀有的药

物基因转入产业化的海水养殖生物中表达，不仅可以获得药物，还可以促进多种优良性状的优化组合，培育海水养殖新品种，带动现代海水养殖业向纵深发展。

目前，在海洋药物的开发研究领域走在前列的是美国、日本等科技发达国家。在我国，对海洋药物的研究方兴未艾。

查一查：除了基因工程技术，在海洋生物活性物质提取中还应用了哪些生物技术？

（1）海洋生物的药用价值数千年前就为人所知。我国海洋药物研发方兴未艾。

（2）海洋生物活性物质种类繁多，结构新颖，生理活性强，具有广阔的应用前景。

海洋保健食品

保健食品在我国有着悠久的历史。我国自古就有"药食同源""药补不如食补"之说。早在几千年前，如最早的医药书籍《黄帝内经》就记载有乌贼骨作丸、饮鲍汁治疗血枯的药方。民间利用海产品进行营养保健、康复调理的情况也极其普遍，如用海藻治疗颈瘿（甲状腺肿瘤）等。保健食品可能起源于我国的"药食同源"说和"食养、食疗、食补"学说。但是，我国古人对保健食品的认识偏重于实践经验，缺少功能机制的研究，影响了其进一步发展。长期以来人类在防病治病的医疗实践中，对"药食同源"说并未予以充分重视。20世纪80年代膳食纤维和海洋生物中的EPA和DHA的保健价值被发现后，人们才对"药食同源"的观点有了深化的认识，加强了此领域的研究和探讨。

综观各国海洋保健食品的发展，大体经历了3个阶段，也可以称为三代产品。

第一代海洋保健食品：20世纪60~70年代。产品为初级保健食品，仅根据食品中的营养素成分或强化的营养素来推知该食品的功能，未经严格的实践证明或科学论证。这代保健食品大都建立在经验基础上或传统的养生学理论之上，包括各类强化食品和滋补食品。

第二代海洋保健食品：20世纪80年代中后期。该代产品是指经过动物或人体实验，证明其具有某种生理调节功能的食品。该代产品和第一代保健食品相比有了较大进步，其特定的功能有了科学的实验基础。为保证其功能的稳定可靠，其生产工艺要求更科学、合理，以避免其功效成分在加工过程中被破坏或转化。

第三代海洋保健食品：进入20世纪90年代后。这一代产品的生理调节功能需经动物或人体实验，证明其明确可靠，而且还需确知有该项功能的功效成分的化学结构及其含量。第三代保健食品具有功效成分明确、含量可以测定、作用机制清楚、研究资料充实、临床效果肯定等特点。目前第三代保健食品已大量上市。

总之，我国保健食品产业已经进入新的发展阶段。随着人们饮食观念的更新，海洋保健食品的应用日益广泛，不断产生着巨大的社会和经济效益。

[选自刘洪斌、刘康主编的《中韩海洋药物和保健食品发展现状及合作方案研究》（海洋出版社2002年出版），略有修改]

第五节　海洋仿生学

相传早在大禹时期，我国劳动人民观察鱼在水中通过尾巴的摇摆而游动、转弯，受到启发，在船尾上架置木桨。通过反复的观察、模仿和实践，人们逐渐将其改进成橹和舵，增加了船的动力，掌握了使船转弯的手段。这样，即使在滚滚波涛中，人们也能让船只航行自如。你知道仿生学在我们日常生活中有哪些应用吗？

舟和楫

通过本节学习，你将知道：
- 仿生学的概念。
- 海洋仿生学的应用。

一、仿生学

"认识海洋、关心海洋、经略海洋"是我们的任务。海洋仿生学的研究,将为人类认识海洋提供新的途径,为海洋研究提供新的方法,为开发利用海洋资源提供新的工具。

仿生学研究生物体结构、功能和工作的原理,并根据这些原理发明新的设备、装置、仪器,创造出适用于生产、学习和生活的先进技术。某些生物的身体构造和本领比迄今任何人工制造的机械都优良得多,仿生学实质上就是要有效地应用生物的优良性能,并在工程、技术上加以实现的一门学科。

请将左侧的生物名和相应生物的仿生学应用连起来。

萤火虫	超声定位器
蝙蝠	人工冷光
锯齿草	迷彩服
蝴蝶	锯子
蜻蜓	抗荷服
长颈鹿	直升机

仿生学的发展

1960年9月第一届仿生学国际会议召开,正式宣布一门新兴学科——仿生学的诞生。

从1960年开始至今，随着科学技术的不断发展，模仿生物的基本生命活动形式的仿生学研究越来越广泛，越来越深入。仿生学从早期模仿生物的形态和简单的机能，逐渐发展到模仿生物的器官和复杂的功能。仿生学很快地在建筑领域引起了一场建筑设计的革新。人们根据龟壳和贝壳的形状，设计和建造了"气泡式""贝壳式"等薄壳结构的建筑；按照蜂巢的结构制造一种新型纸蜂窝墙板。在模仿生物器官和功能方面，人们模仿狗鼻子制成电子警犬；模仿鲎的视觉系统制成在雷达、电视系统中有重要应用的鲎眼电子模型。这类例子不胜枚举。

近10年，仿生学已经从宏观的形态功能模仿发展到分子模仿。诸如，模仿神经细胞的功能制成许多种人造神经元，模仿海洋生物中的能够有效治疗癌症和其他疾病的活性成分研发新药，模仿生物生命活动中的代谢机制和微脂粒功能开发进入血管的药物"潜艇"去攻击病变细胞，借助人体生物电原理制造出有知觉的假肢，探索模拟神经网络的生物计算机，等等。

[节选自《世界科学》(2007年11月12日)，有改动]

课余和同学一起欣赏纪录片《大自然启示录》(2006)。

《大自然启示录》

二、海洋生物仿生学应用

海洋是生命的摇篮，有着无穷的奥秘等待着人类去探索。海洋动物千千万万，大至海中巨兽——鲸，小至肉眼难辨的海洋细菌，都成了人们研究的对象。

须鲸口腔中平行排列的须板能将海水和食物分离,柔韧性极好,可数十年承受来自循环水流及食物的作用力而不断裂。受鲸须板启发开发出的新纤维增强复合材料有望应用于海洋环境下承受循环作用力的设备。

须鲸口中的须板

海豚的皮肤柔软,当水流从其身边擦过去时,阻力极小。为此,人们仿造了海豚皮,并将这种人造皮套在船舶和军舰上,用以减少阻力,提高航行速度。

海豚

鱿鱼

鱿鱼可将水流快速从身体内喷出,从而获得极大的反冲力。人们根据此原理设计出速度极快的气垫船。

不少水母的"耳朵"——平衡囊中有小小的平衡石,可以感受到暴风雨来临之前空气与海水摩擦产生的次声波,从而躲避风暴。人们根据这一原理研制出了风暴预测仪。

电鳐在头胸部的腹面两侧各有一个肾脏形的发电器官。其基本单位是由特殊的肌肉细胞构成的"电池板"。单块"电池板"产生的电压很微弱,但许多块"电池板"产生的电压就很大了。科学家以其发电器官为模型，发明了伏特电池。

水 母

电 鳐

鲎的视觉系统非常特殊，有4只眼睛，2只单眼在前，2只复眼在头的两侧。复眼由1 000多只小眼组成，各个小眼彼此制约。当一个小眼受到光照产生兴奋时，周围的小眼却受到抑制，这叫"侧抑制作用"。侧抑制作用可增强边缘反差，略去视觉物体的细节，使所视之物更加清晰。科学家根据这一原理研制出了一种新型的电视摄像机。这种摄像机所拍摄的电视片，清晰度相当高。

鲎

飞 鱼

在长期的演化过程中，飞鱼身体变成流线型，胸鳍成为鸟翼状，这使得飞鱼得以冲出水面滑行。飞鱼的滑行距离通常在50米左右，它们的滑行速度可以超过每小时70千米，最大滑行高度可高于海平面6米。飞鱼超低空滑行的本领，引起了导弹专家的注意。伊拉克在两伊战争中使用的"飞鱼"反舰导弹就是模仿飞鱼的产物。这是一种超低空飞行的空对舰导弹,从飞机上发射后,掠过海面飞行,命中率很高。

大多数硬骨鱼有鳔。鳔是大多数硬骨鱼身体密度的调节器官。一般情况下,生活在浅水的鱼的鳔内的含氧量低。鳔内的含氧量随鱼的活动水层下降而逐渐升高,在一定程度上可引起鱼体密度的变化,使鱼体悬浮在限定的水层中。根据这一原理,人们发明了潜水艇。

龙虾的眼睛结构特殊,是反射式复眼。其每个单眼为空心四棱台结构,由上千个单眼组成的龙虾复眼在光线比较暗的环境里依然具有较强的聚光能力。科学家模仿龙虾眼光学系统,发明了高能射线望远镜和高能射线探测器。

鳔

龙　虾

鲨鱼整个身体覆盖着一层层凹凸不平的小鳞甲,可以让身体长久保持清洁。其身体不会积聚黏液、海藻和藤壶。科学家根据鲨鱼皮肤的特性,研发出了防止大肠杆菌和金黄色葡萄球菌等细菌滋生的防菌涂层。

鲨　鱼

剑　鱼

剑鱼体型为典型的流线型,体表光滑,上颌又尖又长且坚硬。当剑鱼飞速向前时,长矛般的长颌起到劈水前进的作用。受到剑鱼的启发,飞机设计师仿造剑鱼体型,在飞机前段安装了一根长"针"。这根长针可以刺破飞机高速飞行中所产生的"音障"。于是,超音速飞机问世了。

 白鲸遨游

仿生学提高生活品质

如今的仿生技术突飞猛进,已经不再停留在假肢、义指的水准上了。科学家相信,即使身体有部分缺陷,大脑仍发出神经脉冲控制着这些部位。因此,现今的仿生学研究者正在积极研究利用辨识神经脉冲控制机械手臂、机械手指。灵活、智能的仿生机械不日就将面世。科幻片中,具备各种功能的假眼、伸缩自如的铁臂,不再是幻想。

仿生学研究非常精密,要想在人的意识和机械之间建立联系可不是件轻松的事。今日的成就是建立在无数的失败基础之上的。

现代仿生学的突破发生在2002年。这一年,一种新的技术——目标肌肉神经再生术首次运用于临床。这种技术利用神经脉冲控制假肢,获得了成功。科学家利用肢体断面肌肉发出的信号,使用一种神经脉冲放大器接收大脑的控制信号。电子设备经过辨识后,即可完成大脑控制的相应动作。在实现了控制假肢之后,未来仿生学所面对的难题是如何让这些假肢也能产生知觉。

[节选自美国国家地理学会官方杂志《国家地理》
(2010年第1期)]

想一想:生活中哪些产品利用了仿生学原理?

(1)仿生学研究生物体结构、功能和工作的原理，创造出适用于生产、学习和生活的先进技术。

(2)海洋仿生学研究促进了科技进步，提高了人们的生活质量。

仿生学未来发展趋势

仿生学在国内外都得到极大的关注和蓬勃的发展。科学家正带着自动控制、能量转换、信息处理、力学模式和材料构成等大量技术难题，到生物系统中去寻找启迪。机器人技术的发展很好地体现了仿生应用的理念。机器人趋向小型化和多样化，将进一步采用仿生结构和中枢运动模式发生器制导系统，以适应各种作业环境。

路甬祥院士认为，经过30多亿年演化的生物世界是技术创新不可替代、取之不竭的知识宝库和学习源泉，仿生学是诸多学科的交叉，需要生命科学家和多学科技术科学专家的共同关注与参与。仿生科学有无止境的前沿，正向微观、系统、智能、精细、洁净方向发展。仿生学将为我国科学技术创新提供新思路、新原理和新理论。仿生学随着科技与经济的发展而发展，也必将极大地推动未来学科和经济的发展。

蓝色青岛，拥抱海洋

——走进青岛市中小学海洋教育社会实践基地

青岛海滨风光

美丽的海滨风光，得天独厚的地理优势，海纳百川、勇于创新、开放包容的城市品格，造就了青岛独特的海洋文化。青岛市充分发挥海洋科普资源和人才优势，积极面向中小学生进行海洋知识普及，努力打造海洋特色科技教育品牌。青岛市教育局、科技局、海洋与渔业局评定16个单位作为首批青岛市中小学海洋教育社会实践基地，在全市中小学生中开展海洋科学探究、考察等综合实践活动，增强青岛市广大中小学生海洋意识，提高中小学生的综合素质和实践能力，提升青岛市蓝色海洋教育影响力。

一、活动目的

（1）帮助广大同学认识海洋教育社会实践基地，了解青岛海洋教育资源。

（2）提高同学们的海洋素养。

（3）积极利用海洋教育社会实践基地资源，创建一种学校和社会相结合的模式，让同学们在实践中得到教育。

（4）丰富同学们的课余生活，提供实践、交流和学习的平台。

二、活动要求

（1）在参观时认真聆听海洋教育社会实践基地讲解员讲解，做好记录。

（2）整理参观海洋教育社会实践基地的相关材料，以小组为单位向全班同学介绍。

三、活动前期准备

全班同学分为若干小组，分别去不同的海洋教育社会实践基地，填写"活动记录表1"。

青岛市中小学海洋教育社会实践基地名单如下：中国科学院海洋研究所、青岛海洋地质研究所、青岛市勘察测绘研究院、中国海洋大学生命学院、中国海洋大学化学化工学院、青岛远洋船员职业学院、青岛国家海洋科学研究中心水产种苗产业化基地、青岛海洋科技馆、中国大洋样品馆、中国海权教育馆、青岛民超海洋教育馆、青岛海底世界、青岛造船厂有限公司、青岛聚大洋藻业集团有限公司、青岛明月海藻集团有限公司、青岛英豪建设集团有限公司。

活动记录表1

海洋教育基地	参观小组成员	小组长

四、活动实施

（1）以小组为单位，集体乘车按时到达预定地点。

（2）小组长带领小组成员跟随讲解员认真参观。参观后，小组长清点人数。小组成员集体返回学校。

（3）完成"活动记录表2"。

五、注意事项

（1）为方便识别不同学校的学生参观，学生应穿校服。

（2）遵纪守法，不破坏环境和公共设施。

（3）参观时应注意安全，切勿奔跑嬉戏，以免发生危险。

（4）学生尽量避免携带大量的金钱和物品，以免丢失和影响参观。

（5）应听从海洋教育社会实践基地内工作人员的指挥，避免拥挤。

六、讨论与交流

每个小组根据参观记录，面向全班同学进行主题汇报，形式不限。

活动记录表2

学校		班级		参观时间	
参观基地名称		参观人员			
一、我选择这个基地的原因是什么？					
二、参观记录					
三、基地中我最感兴趣的一处是什么？为什么？					
四、此次参观后收获和感想是什么？					

第四章 海韵文化

青岛，镶嵌在山东半岛东南部的一颗明珠，一座与海洋有着不解之缘的城市。青岛的海洋文化历史悠久，独具特色。传统海洋文化在这里得到发扬，中外海洋文化在这里交流融汇，青岛人民的海洋意识相对来说比较强。

第一节 渔文化

海燕领航

渔业与渔民的生活密切相关。勤劳智慧的渔民在生活、生产过程中，创造了异彩纷呈的渔文化。渔文化对人类社会进步具有重要的促进作用。我国的渔文化是怎样产生的，又经历过怎样的变迁呢？青岛作为著名的沿海城市，其渔文化具有怎样的特色呢？

清康熙素三彩渔夫捕鱼图长方几

蓝色彼岸

通过本节学习，你将知道：
◎ 我国渔文化的起源及特色。
◎ 青岛渔文化的特色。

一、我国渔文化的特色

渔业是人类早期直接向大自然索取食物的生产方式之一。人们以水域为依托，利用水生生物自然繁衍的特征，通过劳动获取水产品。这是人类最早的生产行为。在渔业长期发展的过程中，渔文化也随之发展和繁荣，推动着人类社会的进步。据考古学研究，我国渔文化的起源可以追溯至旧石器时期，历史悠久。

1. 形形色色的地域特色

渔文化作为一种具有地方特色的文化形态，推动着各地历史的创造和文化的传承。在幅员辽阔的中华大地，渔文化形式丰富多彩，如山东即墨的上网节、香港渔民的天后诞、澳门百姓的妈祖祭、天津北塘的跑火把、安徽黄山的蚌壳舞、浙江温岭的大奏鼓、福建浦源的鱼溪鱼冢等。

渔文化的变迁

在原始社会，渔文化在我国占据主导地位，以图腾崇拜、物阜祈福等为主。随着社会的发展和变迁，渔文化内涵逐渐复杂，在社会上的作用也更加多样。随着农耕文明的进步，特别是"龙"的冲击和影响，"龙尊鱼卑"的人为划分导致人们信仰重心的变化，造成鱼龙交融、尊卑互映的文化情态。在我国传统文化中，这种表现鱼龙关系的形象屡见不鲜，体现了鱼龙关系的相通和演变。随着人们认知范围的扩大、文化交流的扩展，渔文化不断地适应、整合和发展，传承至今。

陕西定边郝滩汉墓壁画上的龙

唐代银盘上的摩羯纹

鱼和龙的形象在古代图案、纹饰中同时出现，绝非偶然，其中蕴含着它们之间的某种关系。你能尝试阐述一下吗？

2. 漫长曲折的历史特色

长期以来，我国先民留下不少珍贵的渔文化遗物，如山顶洞人的贝壳项链，新石器时代的鱼叉、鱼镖、鱼钩、鱼枪，仰韶文化中的"人面鱼纹"彩陶盆，古人使用的"贝币"等。漫长的历史中，渔文化渗透到生活、生产、贸易等各个领域。

你认识它们吗？请尝试说出它们的用途。

3. 多姿多彩的民族特色

各民族在不同的地理环境、气候环境中繁衍生息，形成各自不同的风俗习惯、文化心理。这使渔文化具有浓郁深厚的民族特色，如黎族同胞的鱼茶、高山族的渔祭节等。

鱼图腾

二、青岛的渔文化

青岛，傍海而生，因海而兴，有着源远流长的渔文化。

早在原始社会时期，青岛先民就有了涉海活动，与鱼、贝结下了不解之缘。胶州三里河遗址属于贝丘遗址，其中发掘出不少贝壳、龟甲、鱼鳞及鱼骨。经研究，当时人们渔猎的

青岛天后宫

对象包括了青鱼和鲅鱼等。可见先民不仅享用近海的鱼、贝，也能捕捞远海的鱼类。现在胶东食鲅鱼等习俗大概源于古代的传统。历史的长河中，青岛渔民靠海吃海，渔猎为生，逐渐形成了海神祭祀与海神崇拜等民俗。青岛的渔文化从远古时期一路传承发展至今，具有鲜明的地域特色。

青岛也是中外贸易的门户，文化交流的窗口。青岛一方面不断发扬本土渔文化，另一方面吸收海外文化的精华，同时不断发展海洋科技、海洋产业，人们的海洋意识比较强，具有振兴海洋经济、繁荣海洋文化的得天独厚的优势。

鲅鱼跳，丈人笑

青岛有句俗话说："鲅鱼跳，丈人笑。"在每年谷雨时节，鲅鱼进入人们的视野，这时新婚女婿要买新鲜鲅鱼给老丈人品尝。鲅鱼个头要大，并以双数送之，以示敬意。

胶东送鲅鱼的习俗源于一个感人的故事。从前有一个叫小五的

孤儿，被一个海边老人收养。老人看小五善良真诚，便将女儿许配给他。小五为报答岳父的恩情，每天都会出海打鱼，送给岳父。老人日渐衰老。老人临终前，女儿说小五打鱼马上就会归来。老人说："罢了，罢了。"老人离世后，小五悲痛欲绝。鲅鱼的"鲅"字音同"罢"，也同"爸"，此谐音更升华其意蕴。人们被这个故事感动，开始形成给岳父送鲅鱼的习俗，并延续至今。

你还了解哪些青岛当地的海洋习俗呢？

你知道青岛在海洋考古方面有哪些成就吗？

守门石狮　　　　陶瓷碎片　　　　宋代掌印砖

（1）渔文化是我国文化的重要组成部分，具有形形色色的地域特色、漫长曲折的历史特色和多姿多彩的民族特色。

（2）青岛的悠久历史和独特的地理位置，使得青岛的渔文化极具特色。

 海星闪闪

有海水处有华人，华人到处有妈祖

妈祖诞生和成长在公元10世纪的湄洲，她致力于帮助她的同胞乡亲，并且因为试图营救海难中的幸存者而献身。妈祖在人们心中是位慈悲为怀、救急扶危、行善济世的海上女神。沿海居民出海前要先祭妈祖，祈求平安。

妈祖文化肇于宋、成于元、兴于明、盛于清、繁荣于近现代，体现了汉族海洋文化的一种特质。起初，妈祖只是东南沿海的一位地方神灵，受到沿海渔民的崇拜。后来，随着商人、船工、华侨等人口的流动，妈祖信仰传播到世界各地。

妈祖像

青岛天后宫供奉的便是妈祖女神。青岛天后宫始建于明成化三年（1467年），距今已有500多年的历史。现在的天后宫不仅是妈祖庙，还囊括了青岛民俗博物馆、青山大戏楼、寺庙钟鼓楼等多处民俗遗迹，海洋文化、海神文化、妈祖文化都可以在这里寻觅到踪迹。

第二节 海洋艺术

容纳百川、吞吐日月的海洋赋予了艺术家无尽的创作灵感。人们讴歌海洋，赞美生命，创作了内容丰富、表现形式多样的海洋艺术作品。海洋艺术都包括哪些表现形式？

〔元〕王振鹏　《江山胜览图》（局部）

通过本节学习，你将知道：
○ 海洋艺术的表现形式。
○ 海洋文学和海洋影视的代表作品。

一、海洋艺术总览

海洋艺术是人类海洋文明发展史上的重要财富。从广义上说，人类一切具有审美价值的涉海创造，都属于海洋艺术的范畴；从狭义上说，海洋艺术是指那些表现海洋、表现人类涉海生活的艺术作品。因表现的材料、手段、方式及其作品的时间、空间呈现形态不同,海洋艺术可分为文学、影视、舞蹈、音乐、绘画、雕塑、戏剧等。

二、海洋文学

海洋文学是指人们运用文学语言创造的具有审美价值的海洋文化成果,是海洋审美文化的重要构成部分。

我国海洋文学历史悠久,内容丰富,形式多样,广泛反映了中华民族的涉海生活,表达了不断发展的海洋意识和涉海情感,给人们带来无限的审美享受。我国海洋文学,作为我国文学的重要组成部分,也同我国文学几千年的整体发展一样,经历了从神话传说时代到后世体裁多样、异彩纷呈的既有传承又有创新的过程,是中华民族创造的灿烂的华彩篇章。

外国海洋文学同我国海洋文学一样,是人类不可缺少的精神财富。外国文学家创作了荷马史诗、《白鲸》、《海底两万里》等大量文学艺术精品。

《白鲸》

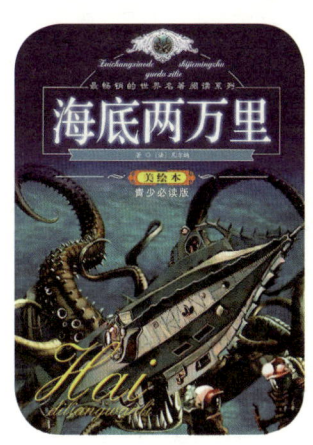
《海底两万里》

《山海经》

《山海经》是我国最早的地理著作,同时也是一部神话故事集,叙及"夏后之迹，八荒之事"，大体是战国中后期到汉代初中期所作。《山海经》全书现存18卷，3万余字，分"山经"5篇、"海外经"4篇、"海内经"5篇、"大荒经"4篇。《山海经》具有重要的文学价值和史料价值，对我国古代历史、地理、文化、中外交通、民俗、神话等的研究均有参考意义。

〔清〕吴任臣 《山海经广注》

对于《山海经》，你还有哪些认识？

你知道以下图片展现的故事吗？尝试填写这些故事的名字吧。

（　　　　）

（　　　　）

(　　　　) 　　　　　(　　　　)

三、海洋影视

海洋影视是以海洋环境、海洋生物、涉海事件、涉海人物及其涉海实践等为题材的电影电视作品，是一种重要的传播和发展海洋文化的有效手段。

在中外电影史上，以海洋为题材的电影作品不断涌现，如我国的电影《渔光曲》《甲午风云》《海鹰》，外国的电影《泰坦尼克号》《大白鲨》，等等。海洋动画电影，如我国第一部大型宽银幕动画片《哪吒闹海》、美国动画片《海底总动员》等，制作精良，不仅让观众受到艺术熏陶，而且在潜移默化中受到教育和启迪。

以海洋为主要背景和内容的电视剧比电影多，如我国电视剧《三宝太监闯西洋》，美国电视剧《迷失》《生死海滩》等，极大地丰富了人们的文化生活。

《渔光曲》　　　　　《甲午风云》

 飞鱼冲浪

你知道以下歌曲是哪部电影的主题曲吗？请把它们连在一起吧。

Beyond the Sea 　　　《海洋之心》 　　　《我心永恒》

　　《海洋奇缘》　　　　　《泰坦尼克号》　　　　《海底总动员》

 白鲸遨游

《少年派的奇幻漂流》

《少年派的奇幻漂流》是根据扬·马特尔2001年发表的同名小说而改编的一部充满奇幻色彩的3D电影，由李安执导。少年派遭遇海难，家人全部丧生，而派却奇迹般地活了下来。他与一只孟加拉虎搭着救生船在太平洋上漂流了227天，人与虎建立起一种奇特的关系，并最终共同战胜困境获得重生。

《少年派的奇幻漂流》宣传海报

　　你还看过哪些与海洋有关、令人印象深刻的影视作品？与你的同伴们交流一下吧。

 精灵拾贝

（1）海洋艺术包括文学、影视、舞蹈、音乐、绘画、雕塑、戏剧等形式。

（2）不同的海洋艺术形式具有各自不同的特点，表达人们内心的感受。

 海星闪闪

海洋雕塑、海洋舞蹈和海洋摄影

海洋雕塑：海洋雕塑历史悠久。在埃及，有一座创作于公元前12世纪末的浮雕，上面刻有世界上最古老的海战图。我国的海洋雕塑具有独特的东方艺术韵味。在战国古墓出土的"嵌错宴乐水陆攻战纹壶"纹饰、故宫博物院所藏"宴乐渔猎攻战壶"纹饰，都展现了乘船航行、战斗的生动场面。

战国嵌错宴乐水陆攻战纹壶

宴乐渔猎攻战壶

海洋舞蹈：人类在没有文字之前，就已经有了舞蹈这种艺术形式。在沿海地区，人们终日与海为伴，充满灵性的海洋舞蹈应运而生。

在我国福州地区，有一种舞蹈——海族灯舞（亦称为"九鲤舞"），该舞以24种海鱼模型灯为道具，由1~3人执一条鱼灯，模仿表演不同鱼的游水动作，就像鱼儿嬉戏于大海之中，使人感受到愉悦。

海洋摄影：摄影是一门较为年轻的艺术，它是伴随着科技的发展而发展的。海洋是众多摄影题材之一。海洋摄影在世界艺术史上占有重要地位，产生了许多精品之作。海洋摄影分纪实性摄影和艺术摄影。纪实性摄影具有留住历史瞬间的文献性，如关于海战题材的摄影作品。艺术摄影以海洋自然风景居多，如浩渺的海面、波澜壮阔的海浪、绵延的沙滩等，使人得到震撼、静谧等不同的审美感受。

第三节 海洋休闲旅游

 海燕领航

青岛，海岸线长730.64千米，有32个面积大于0.5平方千米的海湾和69个海岛，海洋旅游资源丰富。青岛之所以成为全国最早的14座沿海开放城市之一，成为国内外可数的工、商、贸、文教、旅游名城，山东省经济发展

小鱼山上看青岛

的龙头城市，国际社会看好的投资热土，无不得力于青岛所独具的东方蓝色海洋文化优势。人们把青岛称为"东方威尼斯"。青岛具有哪些独特的海洋旅游资源呢？我们可以采用哪些方法来增强旅游安全防护？

 蓝色彼岸

通过本节学习，你将知道：
- 青岛海洋旅游文化的特点。
- 海上求生知识。

一、青岛海洋旅游

青岛，依山傍海，夏无酷暑，冬无严寒，气候宜人，风光旖旎。红瓦、绿树、碧海、蓝天辉映出青岛优美的景色；细浪、赤礁、金沙滩描绘出青岛迷人的海滨风景线；五四广场、栈桥、"八大关"、石老人、崂山、奥帆中心都是著名的旅游名片；青岛啤酒、各样海鲜，给人以舌尖上的享受。

石老人

依照区位条件、自然岸线与水域特点、资源禀赋的地域差异及其资源共生性特征，青岛海洋旅游资源呈现出多种形式。

青岛沿海地貌景观类型多样，沙滩、港湾、岬角交错分布，海蚀崖、海蚀柱耸立，拥有得天独厚的传统观光类海洋旅游资源。

青岛拥有舒适的海洋气候条件和文化底蕴丰厚的人文环境，有着优越的度假类海洋旅游资源。

海岛社会、生态环境相对独立，可给旅游者远离城市喧嚣、回归自然的心理体验。青岛有数十个海岛，海岛旅游资源丰富。

此外，北京奥运会之后，以帆船、划水等海上运动项目为代表的水上运动休闲旅游资源也成为青岛旅游一大特色。

总体来看，青岛海洋旅游资源开发具有地理区位、奥运潜在推动等方面的优势。

崂 山

 飞鱼冲浪

你认识图片所示的青岛的景点吗？请写下这些景点的名称吧。

（　　　　）　　　（　　　　）　　　（　　　　）

 白鲸遨游

美丽的青岛

康有为第一次来青岛，就喜欢上了这座城市，称之为"青山绿树，碧海蓝天，不寒不暑，可车可舟，中国第一"。

青岛岸线曲折，岬湾相间。海湾形态各异，甚至大湾套小湾。青岛城区在海湾的合抱之中，不是一马平川，而是分布着起落平缓的山丘。这让城市有了错落之美。

葱葱茏茏的绿树之间，点缀着一片片红色，那是建筑的屋顶。这里的房屋多用红瓦覆盖。"红瓦，绿树，碧海，蓝天"，让青岛呈现出别样的缤纷。

奥帆基地

信号山公园

红瓦绿树　　　　　　　　栈　桥

想一想：青岛的海洋旅游资源还有哪些呢？

二、青岛特色海洋节

1. 青岛国际海洋节

青岛国际海洋节作为青岛市的重要节庆品牌，始创于1999年，举办时间定在每年的7月。海洋节依托秀丽的海洋风光，发挥青岛"中国海洋科技城"的优势，荟萃现代节庆之精华，活动内容丰富，涵盖了开幕式、海洋科技、海洋体育、海洋文化、海洋旅游、海洋美食、闭幕式等几大板块数十项活动。

2017第九届青岛国际帆船周·
青岛国际海洋节开幕

2019第十一届青岛国际帆船周·
青岛国际海洋节新闻发布会

2. 田横祭海节

位于青岛即墨市田横镇周戈庄村的传统祭海活动——田横祭海节，至今已有500多年的历史。这是我国北方规模最大的祭海节。祭海，是渔民在漫长的耕海牧渔生活中创造的独具地域特色的渔家文化和民俗文化活动。渔民进行祭海活动，祈盼一年风调雨顺，渔业丰收。每年祭海节过后，渔民会进行修船、添置渔具等工作，蓄帆向海，准备打鱼。

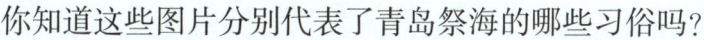

你知道这些图片分别代表了青岛祭海的哪些习俗吗？

关于海洋崇拜

中国海洋大学海洋文化研究所所长曲金良教授在他的《海洋文化概论》中指出："海洋文化，就是和海洋有关的文化；就是缘于海洋而生成的文化,也即人类对海洋本身的认识、利用和因有海洋而创造出来的精神的、行为的、社会的和物质的文明生活内涵。海洋文化的本质,就是人类与海洋的互动关系及其产物。"

人们把海洋视作具有生命、意志和伟大能力的对象而加以崇拜的现象十分常见。在远东地区,主要是在环渤海地区、黄海区域,这种崇拜现象特别明显。环渤海地区和黄海区域是我国北方海洋文化的代表。早在春秋战国时期,北方的齐鲁文化、燕赵文化中就已经包含了比较发达的海洋文化。

关于海洋崇拜,你还知道哪些知识?和同学们分享吧!

三、海上求生

海洋,既有海风徐徐、波吻海滩之景,也有涛声如雷、浪涌如山之时;既有沙泥铺底,也有暗礁埋伏。海上环境险恶,海上观光旅游的时候可能发生意外。所幸人类在海上生存方面已经积累了相当丰富的经验,创下了许多令人惊叹的生还奇迹。掌握一定的海上求生的知识,提高海上求生的技能,可以增加海上遇险获救机会。

海上求生有以下几点要素。

1. 救生设备

海上求生者如果没有救生设备,那么在茫茫大海中得救生还的希望渺茫。据统计,约有80%的船只在失事后15分钟内沉没,沉没前大约只有1/3的救生设备能够及时放下水,导致许多人淹溺死亡;而爬上救生设备的人则有94%获救。由此可见,一旦爬上救生设备,生存机会就会大大增加。

常见的救生设备主要包括救生艇、救生衣、保温服、救生圈等。

(1)救生艇:救生艇是船上最主要的救生工具,是舰船乘员用于自救或援救海上遇险人员的专用救生小艇。救生艇投放方便,可供多人乘坐，内附的救生属具可提高获救的概率。

（2）救生衣：救生衣是水上运动必备的救生设备之一，其作用是使落水人员脸部能露出水面待救，同时也可以保暖，以防止身体热量散失。所以，下水时一定要穿上救生衣。

（3）保温服：保温服又名浸水保温服，可包裹全身且有保暖功能。保温服无毒、无刺激性气味，不会因空气、海水、淡水、油及真菌而影响使用，具有防水、保温、阻燃、耐油、强度较高等一系列优点。

（4）救生圈：救生圈是一种常见的水上救生用品，耐高、低温，不会皱缩、破裂、膨胀、分解。救生圈可配有其他救生用品，包括救生索、浮灯或烟雾信号发射器等，具有很多附属功能。

你认识下图这些救生设备吗？尝试将救生设备图片和相应的名称连起来吧。

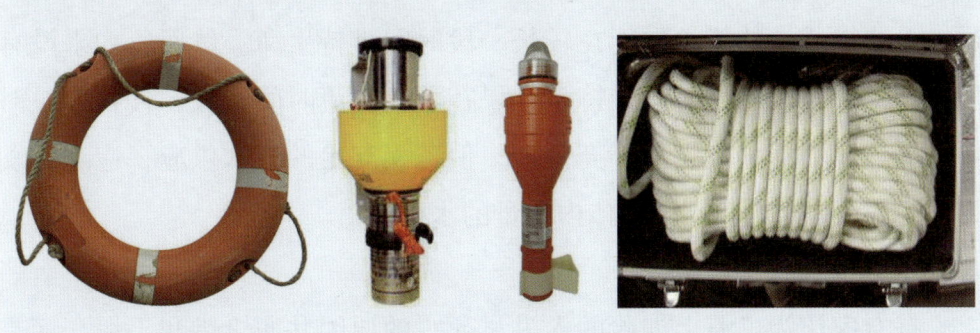

烟雾信号发射器　　船用干电池救　　反光式救生索　　船用救生圈
　　　　　　　　　生圈自亮浮灯

2. 自救知识

掌握一些自救的知识对于海上遇险者来说是很重要的。这些知识包括相关救生设备的使用方法、紧急情况应采取的措施、报告失事地点及弃船后的行动、呼救方法及信号的传送等。

白鲸遨游

救生衣的正确穿法

第一步：将两侧带子打上死结。

第二步：穿上救生衣，注意使有荧光的一面朝外，将胸前带子打上死结。

第三步：将长绳穿过两侧环扣，在前面打上死结。

你有穿救生衣的经验吗？你知道救生衣在船上的摆放位置吗？

3. 维生饮食

对于求生者来说，淡水比食物更为重要。人体内储存有营养，人只要每天获得适量的淡水便能在较长一段时间维持生命。然而，如果没有淡水，生命则很难长时间维持。如果在海上漂流时间较长，食物不足时可捕捉鱼、鸟和采集海藻补充体能；但若无充足的淡水供应，应避免食用这些东西，否则将会消耗体内大量的水分。

4. 求生意志

有专家认为，海上遇险的人过早死亡的原因并非饥饿和干渴，而是恐惧。海上求生者生还的一个重要因素是必须具有不怕困难的坚强意志和生存下去的坚定信念。因此，海上求生首先要克服绝望和恐惧心理，其次能经受饥饿、寒冷、干渴、晕浪的考验。

海上遇险时，如果自己临危不惧，忙而不乱，事先又有充分的准备，那么可增加获救的概率。

(1)青岛地理位置独特,历史文化悠久,拥有极具特色的海洋旅游资源。

(2)海上遇到危险时,掌握正确的自救方法,可以增加获救的概率。

离开难船的办法

一旦发生沉船事件,通常采用跳水的方法离开难船。

跳水步骤如下:

(1)在船甲板边缘站好。

(2)深吸一口气,用左手捂住口鼻。

(3)右手经过左上臂紧握救生衣上端。

(4)肘部尽可能靠在身体两侧。

(5)平视前方,不要向下看,否则身体容易前倾。

(6)向前迈开一大步,后面腿随即跟上,双腿并拢夹紧,保持头在上、脚在下,笔直入水。

(7)在水中采取的游泳姿势应为仰泳,不能回头。

注意事项:

(1)确认已经穿好救生衣。

(2)最好选择高度不超过5米处跳水。

(3)摘下假牙、眼镜,去掉口袋中的尖锐物品。

(4)选择船舶的上风舷跳水。

（5）注意观察水面救生艇筏的位置。

（6）跳水时尽量避开难船破损部位和水面的漂浮物。

（7）不能直接从船上跳入救生艇内。

（8）尽量减少在水中的浸泡时间，尽快离开难船并登上艇筏。

"亲近海洋，热爱海洋"海洋文化宣传活动

五四广场

青岛不仅有着独特的地理风貌和美丽的自然风光，还有着源远流长的海洋文化；青岛不仅是一座海洋科技城、海洋产业城，还是一座国际海洋文化名城。同学们，让我们行动起来，亲近海洋，了解灿烂的海洋文化，并向人们介绍我们美丽家乡的海洋文化习俗吧！

一、活动目的

（1）引导同学们扩展和加深对青岛海洋文化的认识。

（2）充分调动同学们的创造热情，使同学们结合自身优势，自主采用多种方式，宣传青岛海洋文化，锻炼自身能力，展示自己的风采。

（3）收集人们对青岛海洋文化传承和发展的建议。

二、活动前期准备

（1）考虑家庭位置，将全部活动成员进行分组，6~8人一组。确定一人为组长。组长负责本小组整个活动中的管理和协调工作。

（2）根据组员的兴趣，各组确定所要宣传的青岛海洋文化的具体内容，选择合适的展示方式。

（3）小组成员讨论、设计活动的详细流程，制定前期准备工作时间表。根据活动流程和各自的特长，由组长协调，小组成员进行分工。

（4）各组将活动所需的展板、相机、横幅、颜料等物品准备齐全。

三、活动实施

（1）撰写宣传文案，制作幻灯片，录制小视频，创作美术作品等。也可根据需要制作倡议书，完成宣传所用作品。

（2）在规定时间和地点进行宣传，注意与路人互动，让更多的人了解青岛的海洋文化，强化宣传效果。

奥帆中心海上训练基地内的帆船

（3）收集人们在发展海洋文化方面的建议，在活动结束后对其进行整理并反映给相关部门。

四、注意事项

（1）遵纪守法，听从指挥和安排，不可戏耍打闹，不可中途无故离开。确实有事中途需要离开者须向老师说明情况，得到许可后才可离场。

（2）往返途中及活动过程中注意交通安全，量力而为。

（3）讲文明，懂礼貌，注意自己的言谈举止。

（4）注意低碳环保，尽量乘坐公共交通工具，禁止破坏环境和公众设施。

五、讨论与交流

（1）你对海洋文化有了哪些新的认识？

（2）你在宣传青岛海洋文化过程中有哪些感受？

（3）本次活动一共收到多少建议？这些建议主要集中在哪些方面？哪些建议是积极、可行的？你自己对青岛海洋文化的发展和传承有什么建议？

致 谢

本书在编创过程中，参考使用的部分文字和图片，由于权源不详，无法与著作权人一一取得联系，未能及时支付稿酬，在此表示由衷的歉意。请相关著作权人与我社联系。

联系人：徐永成
联系电话：0086-532-82032643
E-mail：cbsbgs@ouc.edu.cn

图书在版编目（CIP）数据

海之妙：初中生物海洋主题课程：七、八年级 / 关茜主编. —青岛：中国海洋大学出版社，2019.11
ISBN 978-7-5670-2229-4

Ⅰ. ①海… Ⅱ. ①关… Ⅲ. ①生物课—初中—教材 ②海洋学—初中—教材 Ⅳ. ①G634

中国版本图书馆CIP数据核字（2019）第258507号

出版发行	中国海洋大学出版社
社　　址	青岛市香港东路23号　　邮政编码　266071
网　　址	http://pub.ouc.edu.cn
出版人	杨立敏
项目统筹	孟显丽
责任编辑	孙玉苗　　　　　　　电　话　0532-85901040
封面绘图	梁月皎
印　　制	青岛海蓝印刷有限责任公司
版　　次	2019年12月第1版
印　　次	2019年12月第1次印刷
成品尺寸	185 mm × 260 mm
印　　张	11
字　　数	143千
印　　数	1~7000
定　　价	39.00元
订购电话	0532-82032573（传真）

发现印装质量问题，请致电0532-88785354，由印刷厂负责调换。